VORWORT

Liebe Leserin, lieber Leser!

„Bildungsauftrag" heißt das neue Stichwort im Zentrum der jüngsten bildungspolitischen Diskussionen. Für Kindertagesstätten bedeutet das, dass sie sich von Betreuungseinrichtungen mit Bildungsauftrag hin zu Bildungseinrichtungen mit Betreuungsauftrag entwickeln müssen. Dieser Trend macht die Konzeptionsarbeit einerseits wichtiger denn je – andererseits nicht leichter.

Diejenigen, die bereits ein inhaltlich fundiertes, an der jeweiligen Situation der Einrichtung orientiertes Konzept entwickelt haben, werden nun im Vorteil sein, weil sie auf eine gute Grundlage aufbauen können. Alle anderen, die bisher ohne schriftliche Konzeption vorgegangen sind – wir unterstellen, dass niemand konzeptionslos arbeitet – werden zunächst das Fundament ihrer Arbeit kritisch betrachten und bewerten müssen, bevor sie an die erste Etage und weitere Stockwerke denken können. Denn: Der gesetzlich verankerte Bildungsauftrag bringt so viel umwälzend Neues mit sich, dass alles, was nicht auf einer stabilen Grundlage aufbaut, neu zu überdenken und neu zu formulieren ist. Trösten Sie sich aber mit Hermann Hesse: „Und jedem Anfang wohnt ein Zauber inne."

Wir sehen hier die geradezu historische Möglichkeit, die Arbeit in Kindertageseinrichtungen endlich ins richtige Licht zu rücken und institutioneller Bildungs- und Erziehungsarbeit den Stellenwert zu geben, den sie schon lange verdient. Der Weg dahin ist mühsam, Fallen sind ausgelegt, Verirrungen im Wirrwarr der Gedanken möglich und manchmal kann einem die Luft ausgehen. Dieser Leitfaden soll jedoch ermutigen, diesen Weg zu gehen, und eine zielgerichtete, fruchtbare Konzeptionsarbeit erleichtern.

Kurt Weber

Mathias Herrmann

basiswissen kita: Konzepte entwickeln – Bildung planen
ist ein Sonderheft von „kindergarten heute – Fachzeitschrift für Erziehung, Bildung und Betreuung von Kindern".

Redaktion
Carolin Küstner (verantwortlich)

Anschrift der Redaktion
Hermann-Herder-Str. 4
79104 Freiburg
Tel.: 0761/27 17 - 495
Fax: 0761/27 17 - 240
E-Mail:
redaktion@kindergarten-heute.de
www.kindergarten-heute.de

Verlag
Alle Rechte vorbehalten –
Printed in Germany
© Verlag Herder,
Freiburg im Breisgau 2005
www.herder.de

Fotos
Hartmut W. Schmidt, Freiburg
Foto S. 38: Kinderhaus „Pfiffikus",
Fellbach

Grafik, Satz und digitale Bearbeitung
MEDIENHAUS-LAHR:
Reprographia GmbH & Co. KG
Jürgen Frank Grafik Design

Druck
fgb · freiburger graphische betriebe 2006
www.fgb.de

Leserservice
Verlag Herder GmbH
Hermann-Herder-Str. 4
79104 Freiburg
Tel.: 0761/2717 - 379
       0761/2717 - 244
Fax: 0761/2717 - 249
E-Mail: kundenservice@herder.de

Gedruckt auf chlorfrei gebleichtem Papier.

Titel Nr. 237
ISBN-10: 3-451-00237-X
ISBN-13: 978-3-451-00237-3

2. Auflage

DIE AUTOREN

KURT WEBER,

geb. 1951, ist Sozialpädagoge, Kaufmann und Betriebswirt. Praktische Kenntnisse und Führungserfahrungen sammelte er als Leiter einer Tageseinrichtung und als stellvertretender Leiter der Abteilung Tageseinrichtungen für Kinder im Stuttgarter Jugendamt. Eine langjährige Tätigkeit als Referent in der Erwachsenenbildung im Bereich Sozialmanagement rundet sein Profil ab. Heute ist der Vater von drei Kindern im Jugendamt Stuttgart, Stabstelle Qualität und Qualifizierung, tätig.
Herr Weber ist erreichbar unter: KurtWeberFellbach@web.de

MATHIAS HERRMANN,

geb. 1957, ist Erzieher und Diplom-Sozialpädagoge. Er arbeitete viele Jahre in leitender Position in der Abteilung Tageseinrichtungen für Kinder im Jugendamt Stuttgart, nachdem er die Praxis der Arbeit einer Kindertagesstätte als Leiter von Grund auf kennen gelernt hatte. Heute ist Mathias Herrmann stellvertretender Leiter der Volkshochschule Ostfildern, wo er seine über 20-jährige Erfahrung als Coach und Referent u.a. im Bereich sozialer Einrichtungen zur Verfügung stellen und weiter vertiefen kann.
Herr Herrmann ist erreichbar unter: M.Herrmann@Ostfildern.de

Dieses Heft richtet sich an ErzieherInnen und andere sozialpädagogische Fachkräfte in Kindertageseinrichtungen, die sich in der Gründungsphase oder in einer Phase der Neuorientierung oder Überprüfung ihrer bisherigen Konzeption befinden. Es richtet sich an alle, die die Notwendigkeit der Umgestaltung von Kindertageseinrichtungen erkannt haben und diese durch die Integration der Bildungspläne verwirklichen wollen.

INHALT

Ein pädagogisches Konzept – Wozu?	4
Aktuelle Situation	5
Konzeptarbeit lohnt sich	5
Bildungsbegriff und Bildungsauftrag	8
Gelernt wird in der Schule?	9
Bildungspläne	9
Bildungsbereiche	10
Bildung als Selbstbildung	14
Keine Bildung ohne Bindung	14
Ausgangsbasis: Entwicklungsforschung	15
Der Bildungsauftrag und seine Folgen	18
Grundhaltung und Gestaltung	19
Beobachtung und Dokumentation	21
Vorbereitung der Konzeption	24
Personelle Ausstattung	25
Zeitplanung	27
Beschaffung der Ressourcen	28

Inhalte einer Konzeption	30
Was kommt auf uns zu?	31
Bild vom Kind	31
Pädagogische Arbeit	32
Pädagogisches Fachpersonal	35
Unsere Einrichtung	37
Checklisten	40
Elternbefragung zur Qualität der Bildungseinrichtung	41
Fragebogen zur Erkundung von Wissen und Talenten der MitarbeiterInnen und Eltern in Bildungseinrichtungen	47
Erkundungsbogen „Raumnutzung und Ausstattung" in Bildungseinrichtungen	49
Nachwort	64
Literatur	64

EIN PÄDAGOGISCHES KONZEPT – WOZU?

- **Aktuelle Situation**
- **Konzeptarbeit lohnt sich**

Institutionelle Kinderbetreuung ist verstärkt ins Blickfeld der Öffentlichkeit, also auch der Politiker, geraten. Der Wirtschaftsstandort Deutschland ist angewiesen auf bildungspolitische Reformen, und die müssen im Kindergarten beginnen. Die Anforderungen an Kindertageseinrichtungen wachsen. Konzeptarbeit ist daher wichtiger denn je. Und sie hat viele Vorteile – für alle Beteiligten.

Aktuelle Situation

„Kindertagesbetreuung" ist in der Öffentlichkeit ein hochaktuelles Thema. Diskutiert wird es unter ganz unterschiedlichen Aspekten, von denen wir hier nur drei nennen möchten. Aus der arbeitsmarktpolitischen Perspektive geht es um die Vereinbarkeit von Familie und Beruf, die durch die Ausweitung von Kinderbetreuungsangeboten ermöglicht werden soll. Aus der ethisch-religiösen Perspektive geht es darum, Fremdbetreuung schon kurz nach der Geburt sicherzustellen, damit Frauen, die unerwünscht schwanger werden, sich leichter für die Geburt entscheiden können. Last but not least: Aus der bildungspolitischen Perspektive geht es letztlich um den Wirtschaftsstandort Deutschland. Soll der auf dem Weltmarkt konkurrenzfähig sein, ist er auf die Bildung, Kreativität und Leistungsfähigkeit seiner BürgerInnen angewiesen. Spätestens mit Veröffentlichung der PISA-Studie mussten Öffentlichkeit und Politik erkennen, dass das deutsche Bildungswesen im Vergleich mit den Bildungssystemen anderer OECD-Länder bei weitem nicht so leistungsfähig ist wie angenommen. Gleichzeitig haben neuere Ergebnisse der Hirnforschung die besondere Bedeutung der ersten Lebensjahre aufgezeigt und deutlich gemacht, wie viel durch eine gute Förderung von Kleinkindern erreicht werden kann. Deshalb wird allenthalben gefordert, dass Kindertageseinrichtungen einen größeren Beitrag zur Qualifizierung von Kindern leisten und somit verstärkt als Bildungseinrichtungen fungieren. In diesem Kontext wird auch eine bessere Qualität der pädagogischen Arbeit eingefordert. Es wird sich zeigen, ob es die Politiker, die sich des Themas intensiv angenommen haben, wirklich ernst meinen. Die derzeitigen Bemühungen um die Erarbeitung von verbindlichen Regularien, d. h. Orientierungsplänen für die Bildungsarbeit in Kindertageseinrichtungen, berechtigen zur Hoffnung. Bildung ist aber nicht „umsonst" zu haben, sondern erfordert die Bereitstellung entsprechender finanzieller Mittel. Nur so erhalten Kinder tatsächlich die Bildungschancen, die eine bestmögliche ganzheitliche Entwicklung ermöglichen.

Konzeptarbeit lohnt sich

Konzeptarbeit ist nicht immer einfach, mit Sicherheit zeitraubend und manchmal vielleicht zäh. Aber sie lohnt sich, für die Fachkräfte ebenso wie für die Kinder, die Eltern, den Träger und letztlich auch für das Gemeinwesen.

Vorteile für die Fachkräfte
- Sie entwickeln für ihre pädagogische Arbeit einen „roten Faden".
- Sie definieren verbindliche Regelungen für alle, die schriftlich fixiert und damit nachprüfbar sind.
- Sie klären die verschiedenen Rollen, Kompetenzen und Befugnisse.
- Sie erkennen die unterschiedlichen Qualifikationen im Team und erleben diese als bereichernd.
- Sie werden sensibler für verbale und nonverbale Signale.
- Sie entwickeln eine konstruktive Kommunikations- und Streitkultur.
- Sie reflektieren die gesellschaftliche Bedeutung ihrer Arbeit.

Vorteile für die Kinder
- Kinder erleben durch den konzeptionellen Rahmen Sicherheit und Orientierung.
- Sie erhalten ein Höchstmaß an individueller Förderung und Unterstützung.
- Sie erleben motivierte ErzieherInnen.
- Die ErzieherInnen setzen sich mit der Lebensaktualität des einzelnen Kindes näher auseinander.
- Angebote richten sich nach Interessen und Fähigkeiten der Kinder – ohne Unter- oder Überforderung.
- Kinder erleben eine anregungsreiche Spielumgebung.

Vorteile für die Eltern
- Eltern werden von den Fachkräften als gleichwertige Partner wahrgenommen.
- Sie werden an der Ausgestaltung der konzeptionellen Inhalte beteiligt.
- Sie nehmen Einfluss auf den Erziehungsprozess ihrer Kinder in der Tageseinrichtung.
- Ihre Bedürfnisse werden ernst genommen und ihre Fähigkeiten werden wahrgenommen.
- Auf Grund der Transparenz können sie sich ein Urteil bilden, ob die Einrichtung ihren Erwartungen entspricht.

Vorteile für den Träger
- Der Träger hat zufriedene, effektiv und zielgerichtet arbeitende MitarbeiterInnen.
- Hohe Qualitätsstandards können sichergestellt und angeboten werden.
- Die Einrichtungen des Trägers erhalten ein eigenes, unverwechselbares Profil.
- Der Träger ist konkurrenzfähig durch qualitativ hochwertige Arbeit sowie durch umfangreiche und flexible Leistungen.
- Er erlebt eine optimale Nachfrage und Auslastung der Einrichtungen.
- Er hat zufriedene Kunden und die Beschwerdehäufigkeit reduziert sich.
- Ein Rückgang der Fluktuationsrate wird erkennbar.
- Der Träger erfährt Entlastung durch mehr Selbstregulierung in der Einrichtung.
- In den Einrichtungen wird kostenbewusster gearbeitet.
- Der Träger kommt in den Genuss einer guten Öffentlichkeitsarbeit und eines positiven Images.

Vorteile für das Gemeinwesen
- Kinder entwickeln und erproben in den Einrichtungen Kreativität und Experimentierfreude – wichtige Voraussetzungen für die konstruktive Mitgestaltung der neuen Arbeitswelt.
- Kinder erlernen in den Tageseinrichtungen soziale Kompetenzen, die die Grundlage für ein positives Miteinander verschiedener und vielfältiger Gruppen darstellen.
- Kinder erwerben in den Einrichtungen eine demokratische Grundhaltung, die sie befähigen kann, später politische und wirtschaftliche Konzepte mitzugestalten.

Leitfäden

Praktische Hilfen für Ihren beruflichen Alltag

Uta Hellrung

Sprachentwicklung und Sprachförderung

beobachten - verstehen - handeln

144 Seiten, kartoniert,
€ *13,90* / *SFr 25.10*
€ *[A] 14,30**
ISBN 3-451-28692-0

Sprachförderung ist nach wie vor eines der wichtigsten Themen für Ihre tägliche Arbeit. In dieser aktualisierten Neubearbeitung wird unter Berücksichtigung neuester Erkenntnisse beschrieben, wie Kinder Sprache erwerben und wie Sie den Spracherwerb unterstützen können. Außerdem erfahren Sie hier, welche möglichen Ursachen für Sprachstörungen es gibt, und wie Sie sprachauffällige Kinder fördern können.

Sylvia Näger

Literacy – Kinder entdecken Buch-, Erzähl- und Schriftkultur

186 Seiten, kartoniert
€ *13,90* / *SFr 25.10*
€ *[A] 14,30**
ISBN 3-451-28691-2

Susanne Viernickel / Petra Völkel

Beobachten und dokumentieren im pädagogischen Alltag

144 Seiten, kartoniert
€ *13,90* / *SFr 25.10*
€ *[A] 14,30**
ISBN 3-451-28421-9

Monika Bröder

Gesprächsführung in Kita und Kindergarten

Ein praktischer Leitfaden

160 Seiten, kartoniert
€ *13,90* / *SFr 25.10*
€ *[A] 14,30**
ISBN 3-451-28327-1

Mechthild Dörfler / Lothar Klein

Konflikte machen stark

Streitkultur im Kindergarten

160 Seiten, kartoniert
€ *13,90* / *SFr 25.10*
€ *[A] 14,30**
ISBN 3-451-28141-4

*Europreis Österreich [A] = unverbindliche Preisempfehlung · Unsere Bücher erhalten Sie in jeder Buchhandlung oder bei D+A: kindergarten Fachversand, Postfach 674, D-79006 Freiburg · CH: Herder AG Basel, Postfach, CH-4133 Pratteln 1.
Für Ihre Bestellung finden Sie in der Heftmitte eine Bestellkarte des kindergarten Fachversands.

www.herder.de

HERDER

BILDUNGSBEGRIFF UND BILDUNGSAUFTRAG

- Gelernt wird in der Schule?
- Bildungspläne
- Bildungsbereiche
- Bildung als Selbstbildung
- Keine Bildung ohne Bindung
- Ausgangsbasis: Entwicklungsforschung

Bildung beginnt in der Schule, lautet die landläufige Meinung. Denn Bildung wird immer noch mit Wissensvermittlung gleichgesetzt. Alle vor der Einschulung liegenden Lern- und Bildungserfahrungen sind danach schöne, aber unnütze Formen des Spielens, die nichts oder nur wenig dazu beitragen, dass Kinder die Kompetenzen entwickeln, die sie für die eigenständige Bewältigung ihres Lebens benötigen. Fachleute erkennen jedoch immer deutlicher, dass die Schule ihren „Job" nicht gut erfüllen kann, wenn im Kindergarten nicht wertvolle Grundlagen der Bildungsarbeit geschaffen werden.

Gelernt wird in der Schule?

Seit rund fünf Jahren wird die Bildungsfunktion von Kindertageseinrichtungen verstärkt thematisiert. Überwiegend WissenschaftlerInnen beklagen, dass Kleinkinder in Kindergärten zu wenig „gebildet" würden. Dr. Donata Elschenbroich z. B. hat in ihrem Buch „Weltwissen der Siebenjährigen" verdeutlicht, wie wenig davon Kinder im Kindergarten lernen. Auch wurden große Qualitätsunterschiede zwischen einzelnen Kindertageseinrichtungen ermittelt.
Prof. Dr. Wolfgang Tietze stellte 1998 in seiner Studie „Wie gut sind unsere Kindergärten?", bei der 103 Kindergartengruppen untersucht wurden, fest: Die globale pädagogische Prozessqualität liegt im Durchschnitt der Kindergartengruppen im Bereich „gehobener Mittelmäßigkeit". Rund 30% der Gruppen erreichen gute Qualität, zwei Drittel eine mittlere, 2% genügen auch minimalen Standards nicht. Ganztagsgruppen schnitten schlechter ab als Halbtagsgruppen. Tietze ermittelte ferner, dass die Entwicklungsunterschiede bei Kindern, die auf die pädagogische Qualität im Kindergarten zurückgeführt werden können, im Extremfall einem Altersunterschied von einem Jahr entsprechen.
Nach Veröffentlichung der PISA-Studie, die in der Öffentlichkeit großes Aufsehen erregte, fordern jetzt auch die meisten PolitikerInnen „mehr Bildung" in Kindertageseinrichtungen. Übereinstimmend wurde anerkannt, dass über die Bildungschancen von Kindern nicht nur die Hintergründe und die Zusammenhänge der Herkunftsfamilie entscheiden, sondern auch die Qualität der Kindertageseinrichtung, die sie besuchen.

Gesetzliche Grundlage

§ 22 des Kinder- und Jugendhilfegesetzes (KJHG) beschreibt die Grundsätze der Förderung von Kindern in Tageseinrichtungen wie folgt:
1. In Kindergärten, Horten und anderen Einrichtungen, in denen sich Kinder für einen Teil des Tages oder ganztags aufhalten (Tageseinrichtungen), soll die Entwicklung des Kindes zu einer eigenverantwortlichen und gemeinschaftsfähigen Persönlichkeit gefördert werden.
2. Die Aufgabe umfasst die Betreuung, Bildung und Erziehung des Kindes. Das Leistungsangebot soll sich pädagogisch und organisatorisch an den Bedürfnissen der Kinder und ihrer Familien ausrichten.
3. Bei der Wahrnehmung ihrer Aufgaben sollen die in den Einrichtungen tätigen Fachkräfte und andere Mitarbeiter mit den Erziehungsberechtigten zum Wohle der Kinder zusammenarbeiten. Die Erziehungsberechtigten sind an den Entscheidungen in wesentlichen Angelegenheiten der Tageseinrichtung zu beteiligen.

Bildungspläne

In Deutschland steht die Definition von Bildung noch im Belieben der einzelnen Erzieherin bzw. des jeweiligen Trägers einer Einrichtung. Noch gibt es keine Richtlinien zur Orientierung. Noch sind viele Fragen unbeantwortet. Sind verbindliche Bildungs- und Erziehungspläne für Tageseinrichtungen überhaupt sinnvoll, wünschenswert, notwendig? Sichern verbindliche pädagogische Standards die Qualität in der Frühpädagogik? Können solche Maßgaben dazu beitragen, künftige „Bildungsschocks", wie durch die PISA-Studie ausgelöst, zu verhindern? Obwohl die Beantwortung dieser Fragen noch aussteht, haben sich bereits die einzelnen Länder darangemacht, teils in interdisziplinären Arbeitsgruppen, teils in Expertengruppen oder an Pädagogischen Instituten bzw. Universitäten, Orientierungspläne für die Bildungsarbeit in Tageseinrichtungen zu diskutieren. Noch im Jahr 2005 sollen diese Bildungspläne als verbindliche Arbeitsgrundlage verabschiedet werden, um mit der Umsetzung zu beginnen.

Ziel: Frühe Förderung
Grundlage für die Entwicklungsarbeit in den einzelnen Ländern ist ein „Gemeinsamer Rahmen der Länder für die frühe Bildung in Kindertageseinrichtungen" (Beschluss der Jugendministerkonferenz vom 13./14.5.2004 und Beschluss der Kultusministerkonferenz vom 3./4.6.2004). In dieser Rahmenvereinbarung kommt eindeutig zum Ausdruck, dass die individuelle und gesellschaftliche Bedeutung frühkindlicher Bildungsprozesse zu groß ist, um ihre Förderung allein vom

Engagement einzelner Personen in den Kindertageseinrichtungen oder einzelner Träger abhängig zu machen. Ein gemeinsamer Rahmenrichtplan soll dazu betragen, bestmögliche Bildungs- und Lebenschancen für Kinder in den Tageseinrichtungen des Elementarbereichs zu bieten.

Dabei werden Kindertageseinrichtungen als unentbehrlicher Teil des öffentlichen Bildungswesens verstanden. Sie sind, berücksichtigt man entwicklungspsychologische Erkenntnisse, mit ihrem ganzheitlichen Förderauftrag, ihrer lebensweltorientierten Arbeit und ihren guten Beteiligungsmöglichkeiten sehr gut geeignet, frühkindliche Bildungsprozesse in Gang zu setzen. Der Schwerpunkt des Bildungsauftrags der Kindertageseinrichtungen liegt in einer „frühzeitigen Stärkung individueller Kompetenzen und Lerndispositionen, der Erweiterung, Unterstützung sowie Herausforderung des kindlichen Forscherdranges, in der Werteerziehung, in der Förderung, das Lernen zu lernen und in der Weltaneignung in sozialen Kontexten". Bildungspläne haben dabei insbesondere die Aufgabe, die Grundlagen für eine frühe und individuelle Förderung der Kinder zu schaffen.

> „Habe ich nicht damals gelernt, wovon ich heute lebe,
> und habe ich nicht so viel und so schnell gelernt,
> dass ich im ganzen übrigen Leben nicht ein Hundertstel dazugelernt habe?
> Vom fünfjährigen Kind bis zu mir ist nur ein Schritt.
> Aber zwischen einem Neugeborenen und einem fünfjährigen Kind liegt eine ungeheure Entfernung"
>
> Leo Tolstoi

Bildungsbereiche

Die Rahmenvereinbarung der Länder für die frühe Bildung in Kindertageseinrichtungen sehen nachfolgend benannte Bildungsbereiche als erforderlich an, damit von einer ganzheitlichen Bildung und Förderung von Kindern gesprochen werden kann. Optimale Bildungsmöglichkeiten für Kinder sind dann gegeben, wenn diese Bereiche in der pädagogischen Praxis bedacht werden, d. h. in den Tageseinrichtungen hierzu einerseits Lern- und Erfahrungsorte vorhanden sind, und andererseits in der Einrichtung die fachlichen Kompetenzen präsent sind, diese Bereiche qualifiziert abdecken zu können.

Die genannten Bildungsbereiche, die wir jeweils nur kurz anreißen, verstehen sich als Aufforderung an die Einrichtungen und die pädagogischen Fachkräfte.

- **Sprache, Schrift, Kommunikation**
  Ziel der Sprachbildung ist, dass das Kind sein Denken sinnvoll und differenziert ausdrückt. Wesentlicher Bestandteil sprachlicher Bildung sind kindliche Erfahrungen rund um Buch-, Erzähl- und Schriftkultur.

- **Personale und soziale Entwicklung, Werteerziehung/religiöse Bildung**
  Zur Förderung der personalen Entwicklung des Kindes gehört die Stärkung seiner Persönlichkeit ebenso wie die Förderung von Kognition und Motivation. Das Kind benötigt soziale Kompetenzen, um ein verantwortungsvolles Mitglied der Gesellschaft zu werden. Zur Werteerziehung gehören die Auseinandersetzung und Identifikation mit Werten und Normen sowie die Thematisierung religiöser Fragen.

- **Musische Bildung/Umgang mit Medien**
  Musische Erziehung im Sinne von ästhetischer Bildung, musikalischer Früherziehung und künstlerischem Gestalten spricht die Sinne und die Emotionen an. Sie fördert Fantasie und Kreativität und stärkt die personale, soziale, motorische und kognitive Entwicklung der Kinder. Die kulturelle Einbettung des Kindes kann dadurch gestärkt und die Aufgeschlossenheit für interkulturelle Begegnung und Verständigung unterstützt werden. Auch der Umgang mit Medien, d. h. die Fähigkeit, Medien zweckbestimmt und kreativ zu nutzen und damit eigene Werke zu erstellen, zählt zu den Bildungsinhalten.

- **Körper, Bewegung, Gesundheit**
  Das Kind lernt, Verantwortung für sein körperliches Wohlbefinden und seine Gesundheit zu übernehmen. Dabei spielt Bewegung eine große Rolle. Darüber hinaus ist sie aber auch für die kognitive, emotionale und soziale Entwicklung des Kindes wichtig. Gesundheitliche Bildung ist im Alltag von Kindertageseinrichtungen ein durchgängiges Prinzip, aber auch eine Aufgabe, die eine enge Zusammenarbeit mit den Eltern und anderen Kooperationspartnern notwendig macht.
- **Natur und kulturelle Umwelt**
  Von der Naturbegegnung über Gesundheit und Werterhaltung bis hin zum Freizeit- und Konsumverhalten berührt Umweltbildung viele Lebensbereiche. Zentrale Aspekte einer entwicklungsangemessenen Umweltbildung sind der Einsatz für eine gesunde Umwelt der Kinder, die Behebung eventuell bereits entstandener Schäden und die Verdeutlichung der Wechselwirkungen zwischen Ökologie, Ökonomie und Sozialem. Die Begegnungen mit der Natur und mit dem kulturellen Umfeld nehmen dabei einen gleichermaßen hohen Stellenwert ein.
- **Mathematik, Naturwissenschaften, (Informations-)Technik**
  Kinder begeistern sich leicht für naturwissenschaftlich darstellbare Erscheinungen der belebten und

unbelebten Natur und sind am Experimentieren und Beobachten sehr interessiert. Dieses Interesse sollte dazu genutzt werden, den entwicklungsgemäßen Umgang mit Zahlen, Mengen und geometrischen Formen, mathematische Vorkenntnisse und -fähigkeiten zu vermitteln. Ebenso begeisterungsfähig sind Kinder für den spielerischen Umgang mit Geräten aller Art, die den Alltag der Kinder prägen. Dabei steht nicht nur der Erwerb von Kenntnissen über die Verwendung und Funktionsweise im Mittelpunkt, sondern auch der praktische Umgang damit.

Planungsbogen für Erziehungs- und Handlungsziele im mathematischen und naturwissenschaftlichen Bereich

Kontext: Das einzelne Kind, das Kind in der KiTa und in seiner kulturellen Umwelt	Ist-Zustand **Im Alltag, Spielmaterial und Spielanregungen, Projektarbeit, Raumgestaltung und Materialausstattung**	Vision/Wunsch Handlungsziel **Im Alltag, Spielmaterial und Spielanregungen, Projektarbeit, Raumgestaltung und Materialausstattung**	Woran erkenne ich die Erreichung des Erziehungsziels?
Ich-Kompetenzen Das Kind hat vielseitige Kenntnisse über Menschen, Tiere und Pflanzen.	Wir nutzen unseren Garten, die Waldtage, den angrenzenden Park, die monatlichen Ausflüge auf den Bauernhof, unser Aquarium, Lupen, Mikroskope und Sachbücher, die ErzieherInnen leben den Kindern die Achtung vor den Tieren und Pflanzen vor.	Wissen über die Zusammenhänge von Menschen, Tieren und Pflanzen, Lebensbedingungen, Wasser, Erde, Luft.	Das Kind kennt komplexe Zusammenhänge im Leben von Menschen, Tieren und Pflanzen.
Das Kind ist für natürliche Abläufe und einfache wissenschaftliche Phänomene sensibilisiert.	Dies erreichen wir durch die Nutzung des Forscherzimmers, des Waldes, des Gartens, von Fachbüchern und durch Versuche.	Kontakt zu Wissenschaftlern, Gärtnern, Meteorologen, Astronomen und anderen aufzunehmen, diese zu besuchen oder in die Einrichtung einzuladen.	Das Kind kennt natürliche Abläufe wie, z. B. dass aus einem Samenkorn eine Pflanze wächst, und weiß, welche Vorraussetzungen dafür gegeben sein müssen (Regen, Gewitter, Schnee, Frost).
Soziale Kompetenzen Das Kind hat Respekt gegenüber allen Lebensformen und ihrer Umwelt entwickelt.	Wir gehen sparsam mit Strom und Wasser um, wir trennen unseren Müll, wir nutzen die Ressourcen aus unserem eigenen Garten, die Kinder werden angehalten, mit anderen Kindern sowie mit Tieren und Pflanzen sorgsam umzugehen.	Kennenlernen von alternativen Energiequellen, z. B. durch den Besuch eines Wasserwerkes, eines Windkraftrades oder einer Fotovoltaik-Anlage, Besichtigung einer Müllentsorgungsanlage, Kompostanlage im Garten.	Das Kind verzichtet auf den unnötigen Verbrauch von Wasser/Strom, das Kind weiß, in welchen Mülleimer ein Plastikbecher, eine Bananenschale und ein Papier gehört; es wirft keinen Müll auf den Boden.

Kontext: Das einzelne Kind, das Kind in der KiTa und in seiner kulturellen Umwelt	Ist-Zustand	Vision/Wunsch Handlungsziel	Woran erkenne ich die Erreichung des Erziehungsziels?
Sachkompetenzen Das Kind schätzt den Wert der unterschiedlichen Lernmittel, Geräte, Apparate und Materialien.	Zerstörte Lernmittel und Bücher werden gemeinsam repariert, Kinder werden angehalten, sorgfältig mit den Materialien umzugehen, den Kindern wird qualitativ hochwertiges Spielzeug, aber auch Naturmaterial zum Spielen angeboten.	Besuch einer Schreinerei, Gärtnerei, eines Steinmetzes; zerstörte Spielsachen werden ersetzt, evtl. vom betreffenden Kind.	Das Kind macht die Spielsachen nicht kaputt und geht sorgfältig damit um.
Das Kind verfügt über die Fähigkeit des Bauens und Konstruierens mit Hilfe unterschiedlicher Materialien und Techniken.	Genutzt werden dazu unsere Bauecke, Bewegungsbaustelle, entsprechende Materialien, Bücher, Zeichnungen, Fotografien und Baupläne; die Kinder können mit verschiedenen Werkzeugen umgehen, einen Nagel aus dem Brett ziehen, eine Schraube eindrehen, ein Loch mit einem Handbohrer bohren, eine Figur mit der Laubsäge aussägen, mit der Feile Holz abrunden, Metall sägen und feilen.	Der Umgang mit technischen Geräten und mit Medien, z. B. das Bedienen eines CD-Players, Kassettenrecorders, Computers und eines Fotoapparates, das Wissen, was ein Hebel ist und worauf die Hebelwirkung beruht.	Wenn die beschriebenen Fähigkeiten vorhanden sind, baut das Kind ein kleines Bauwerk, eine Maschine selbst.
Das Kind verfügt über hauswirtschaftliche Kompetenzen.	Das Kind macht Erfahrungen in der Nahrungszubereitung (Geburtstagskuchen backen, Frühstück vorbereiten, Hilfe bei der Zubereitung von Mahlzeiten), das Kind wird dazu angehalten, das Besteck ordnungsgemäß zu benutzen; Hygiene, Nähen.	Lehrplan, Ziele, was gehört zu den hauswirtschaftlichen Fähigkeiten dazu?	Das Kind kann sich ein belegtes Brot selbstständig richten und sich Tee eingießen, Tisch putzen, Boden kehren, das Kind kennt und benennt verschiedene Zutaten für z. B. einen Kuchen.
Das Kind kann verschiedene Farben erkennen und unterscheiden.	Dem Kind werden dazu Farbstifte, Fingerfarben, Wasserfarben, Kreide, Farbwand, buntes Papier, Tischspiele und Farbwürfel angeboten.	Die Anschaffung von Farbtäfelchen.	Das Kind kann anhand einer Farbpalette Farben erkennen (Primär-/Sekundärfarben).

Diese Beispiele von Erziehungs- und Handlungszielen wurden uns dankenswerterweise von der städt. Kindertageseinrichtung Schönbühlstraße in Stuttgart zur Verfügung gestellt. Die Einrichtung nimmt als eine von insgesamt acht städtischen „Einstein-KiTas" am Projektverbund „Bildung in der Kindertagesstätte" in Stuttgart, begleitet durch das Berliner Institut Infans, teil.

Bildung als Selbstbildung

Hans-Joachim Laewen zeigt in seinen Untersuchungen auf, dass Bildung bisher einseitig entweder als Wissenserwerb entsprechend eines „Wissenskanons" oder aber als Erwerb von Kompetenzen entsprechend eines „Kanons von Schlüsselkompetenzen" verstanden wurde. Bildung würde damit von außen, von der Seite der (Arbeits-)Welt aus definiert. Nach Laewen hingegen ist Bildung Sache des Subjekts und damit Selbstbildung. Er geht vom Kind aus, von dessen Eigenaktivität und Selbsttätigkeit, dessen Bemühen um Weltverständnis und Handlungskompetenz. Auf diese Weise rückt Laewen den Eigenanteil des Kindes an der eigenen Bildung ins Zentrum, wobei Bildung sowohl Welt-Konstruktionen (d. h. Weltaneignung durch Erforschen, Erfahren, Nachdenken, usw.) als auch Selbst-Konstruktionen (d. h. Bildung des Selbsts als Kern der Persönlichkeit) umfasst. Letztlich können Kinder nicht gebildet werden, sondern müssen sich selbst bilden, wobei sie aber auf die Hilfe der Erwachsenen angewiesen sind.

Bildung wird somit zu einem kooperativen Projekt zwischen Kindern und Erwachsenen, wobei Letztere vor allem über die Gestaltung der Umwelt der Kinder, z. B. räumliche Umgebung, Situationen, Zeitstrukturen, und der Interaktionen mit ihnen, z. B. Förderung von dialogischer Kommunikation, Auswahl von Themen, Eingehen auf die Themen der Kinder, erzieherisch wirken. „Erziehung" wird damit zu einer Tätigkeit

> Bildung ist ein Konstruktionsprozess, der mit der Geburt beginnt, lebenslang andauert und eine Leistung des Individuums ist.

von Erwachsenen, durch die die Bildungsprozesse beim Kind gefördert werden.

Letztlich kann Bildung als Konstruktionsleistung des Kindes und Erziehung als Aufgabe der Erwachsenen gesehen werden.

Wichtige Rahmenbedingungen für gelingende Bildungsprozesse sind – neben der Entwicklung sicherer Bindungen zu Erwachsenen – der Zugang zu komplexen Sinneswahrnehmungen und die damit verbundenen Erfahrungen. Diese zu ermöglichen und die Selbsttätigkeit der Kinder herauszufordern ist Aufgabe der Erwachsenen. Denn das Niveau der Selbstbildung des Kindes ist auch abhängig von der Komplexität der gemachten Erfahrungen.

Das konstruierende Kind:
- Kinder kommen als Forscher auf die Welt.
- Sie erforschen die Welt aus eigenem Antrieb.
- Kinder können nicht belehrt werden – ihr Wissen über die Welt konstruieren sie sich selbst.
- Sein Wissen über die Welt konstruiert das Kind vor dem Hintergrund seiner sozialen Erfahrungen, mit denen es aufwächst.
- Kinder bemühen sich ständig und selbstständig um eine Weltsicht und um Handlungskompetenzen.
- Komplexe sinnliche Erfahrungen zu sammeln, ist für Kinder notwendig.
- Kinder brauchen die Erfahrung, in der eigenen Besonderheit anerkannt zu sein und gemeinsam mit Freunden, Probleme lösen, Moralvorstellungen und Gerechtigkeitssinn entwickeln zu können.

Keine Bildung ohne Bindung

Die wichtigste Basis für jede Art von Lernprozess ist die sichere emotionale Bindung eines Kindes an mindestens einen Erwachsenen. Kinder suchen Nähe, Kontakt und Bestätigung. Sie brauchen einfühlsame Erwachsene. Sie wachsen an Vorbildern, an Menschen, die Zeit für sie haben, die Anteil nehmen an ihren Fragen, die ihren vielfältigen Fähigkeiten Respekt entgegenbringen. Bei verlässlichen Erwachsenen versichern sie sich immer wieder der Welt. Die Art und Weise, wie ihnen von ihren wichtigsten Bezugspersonen Aufmerksamkeit geschenkt wird,

---

> Ein Vater sitzt mit seinem Sohn beim Abendbrot. Der dreieinhalbjährige Moritz zählt seine Häppchen: „Eins-zwei-drei-vier-fünf-sechs-sieben-acht-neun." Dann isst er ein Häppchen auf und zählt erneut: „Eins-zwei-drei-vier-fünf-sieben-acht-neun." „Du hast die Sechs vergessen", korrigiert ihn sein Vater. „Es heißt doch fünf-sechs-sieben." Erstaunt sieht Moritz den Vater an und erklärt: „Nein, die hab' ich nicht vergessen. Die ist doch schon in meinem Bauch."

ihre Begabungen gefördert oder ihre Konflikte bearbeitet werden, prägt ihr weiteres Leben.

Kinder brauchen daher Erwachsene, die da sind, wenn sie sie brauchen, die ihnen aber auch Freiraum geben und sie loslassen können. Diese Balance zu halten, ist notwendige Voraussetzung fürs Lernen. Ohne eine solche Bindungsbeziehung ist keine Weltaneignung möglich.

Bindungstheorie:
- Bildung ist nur in der Interaktion, im Dialog mit anderen möglich. Deshalb brauchen Kinder, wollen sie sich bilden, positive Bindungserfahrungen.
- Jedes Kind äußert von Geburt an eine – genetisch vorgeformte – Bereitschaft, mit andern Menschen Beziehungen aufzubauen.
- Grundlegendste Entwicklungsaufgabe von Kleinkindern ist es, eine Beziehung oder „Bindung" zu mindestens einer Bezugsperson herzustellen.
- Eine „sichere Basis" durch eine verlässliche Bezugsperson ermöglicht dem Kind, sich voller Mut auf die Erkundung und Aneignung der Welt einzulassen.
- Die Qualität der frühen Bindungserfahrungen ist ausschlaggebend für die Entwicklung des Selbst und des Sozialverhaltens.
- Enttäuschende emotionale Erfahrungen mit der Bindungsperson führen zu einem erhöhten Stresspegel, schränken die Selbstständigkeitsentwicklung und die Ausbildung kognitiver Fähigkeiten ein.
- Kinder wollen grundsätzlich lernen, wollen begreifen, wollen von sich aus losgehen und sich das suchen, was sie dann letzten Endes zum „gebildeten Menschen" macht.

Ein kleiner Junge ist gerade in die Schule gekommen. Eines Tages sagt die Lehrerin: „Heute wollen wir zeichnen und malen." „Toll", denkt der Junge, denn er liebt es, Löwen, Tiger, Vögel, Kühe, Eisenbahnen und Boote zu malen. Der kleine Junge holt seine Buntstifte aus der Tasche und beginnt zu malen. Aber die Lehrerin sagt: „Halt! Ich zeige dir, wie du's machen sollst!" Und sie beginnt eine Blume an die Tafel zu malen. Sie ist rot mit einem grünen Stängel. „Jetzt bist du dran", sagt die Lehrerin.

Der kleine Junge schaut sich die Blume der Lehrerin an. Dann wirft er einen Blick auf seine eigenen Blumen, die ihm viel besser gefallen – aber er sagt nichts. Er nimmt einfach ein neues Blatt Papier und malt eine Blume, die genau so aussieht, wie die, die seine Lehrerin ihm gezeigt hat. Eine rote Blume mit einem grünen Stängel.

Eines Tages kommt eine neue Lehrerin in die Klasse. Sie sagt: „Heute wollen wir zeichnen und malen." „Toll", denkt der Junge und wartet auf die Anweisungen der Lehrerin. Aber die Lehrerin sagt nichts, sondern geht einfach umher und unterhält sich mit den Kindern. Sie fragt den kleinen Jungen: „Was wirst du heute malen?" „Ich weiß nicht", sagt der Junge. „Was soll ich denn malen?" „Was immer du willst", sagt die Lehrerin. „Es würde doch keinen Spaß machen, wenn alle das Gleiche malen, oder?" Der kleine Junge entscheidet sich für eine Blume. Sie ist rot und hat einen grünen Stängel.

(Yew Kam Keong, Mitglied des „Next-Generation-Roundtable", Welt des Kindes 4/2000)

Bindungsforschung:
- Kinder binden sich auf jeden Fall an Personen, nicht nur an eine Bezugsperson, sondern – je nach Umfeld – an bis zu fünf Personen.
- Ein Kind bindet sich auf jeden Fall an mindestens eine Person. Und dies unabhängig davon, wie „gut" oder „schlecht" sich die Bezugsperson gegenüber dem Kind verhält.
- Kinder ohne Bindung gibt es nicht.
- Eingegangene Bindungen können ganz unterschiedliche Qualitäten haben und diese können wiederum ganz unterschiedliche Auswirkungen auf das Kind haben.
- Durch Bindungserfahrungen entwickelt das Kind „Muster" für weitere Bindungen.
- Durch die Qualität der Bindung wird bestimmt, wie stark oder gering das Explorationsverhalten des Kindes ist, d. h. wie viel Selbstbildung erfolgen kann.

Ausgangsbasis: Entwicklungsforschung

Die Hirnforschung hat nachgewiesen, dass es zeitlich gestaffelte sensible Phasen für die Ausbildung verschiedener Hirnfunktionen gibt, sogenannte Zeitfenster. Die Montessori-Pädagogik spricht von sensiblen Phasen, in denen die Kinder eine besondere Empfänglichkeit für ein bestimmtes Thema haben. Die sensiblen Phasen liegen überwiegend in der vorschulischen und frühen schulischen Lebensphase. Sie korrelieren mit den Phasen optimaler Lernfähigkeit: Sehen, Hören, Sprechen, Kognition.

Kinder stellen stets die Fragen an die Welt, die ihrer Entwicklung angemessen sind. Das kindliche Gehirn kann in seiner enormen Leistungsfähigkeit niemals überfordert werden, jedoch kann es demotiviert werden. „Erkläre mir, und ich vergesse. Zeige mir, und ich erinnere. Lass es mich tun, und ich verstehe." Diese konfuzianische Maxime wird bestätigt durch neuere Ergebnisse der Hirnforschung. Synapsen bilden sich im Gehirn des Kleinkinds vor allem dann, und nicht zu viel und keinesfalls immer nur „Perfektes". Kinder lernen das am besten, was sie selbst ausprobieren und unmittelbar erfahren. Erst dann bauen sich nachhaltige neuronale Netze auf.

Bildung bedeutet nicht Wissen, sondern Kompetenz, die Welt zu verstehen.

wenn es „selbstwirksam" ist, „selbstbildend" und aktiv beteiligt. Das Kind muss die Welt nicht als etwas Vorgefundenes erfahren, es muss sie neu erfinden. Wichtig ist, dass Bildung nicht als Wissen verstanden wird, sondern als Kompetenz, die Welt zu verstehen und sie sich selbst erklärbar zu machen. Wichtig ist es, das Rechte zur rechten Zeit anzubieten

Wie lernen Kinder?
Kinder lernen von Anfang an und ständig. Sie erweitern ihr Wissen und ihre Fähigkeiten kontinuierlich, ganz nebenbei und selbstverständlich in ihrem Alltag. Mit allen Sinnen begreifen, erforschen, experimentieren, erfahren und erleben sie die Welt und gewinnen so wertvolle Erkenntnisse. Dabei sind die ersten Lebensjahre prägend für die Art und Weise, wie weitere Kompetenzen erworben und gefestigt werden. Nach E. Schäfer entscheiden die in der Familie oder im Kindergarten gesammelten Erfahrungen, „ob ein Kind nach komplexen, differenzierten Erfahrungen Ausschau hält oder ob es sich mit einfachen, die Komplexität des Lebens nicht zureichend erfassenden Einsichten begnügen wird". Diese Lust am Erkunden und Begreifen wird durch Anregungen, die die Alltagserfahrungen der Kinder ergänzen, präzisieren und weiterführen, gefördert. Mit immer neuen Herausforderungen und deren erfolgreicher Bewältigung erweitern die Kinder ihre Fähigkeiten.

Erkenntnisse aus der Hirnforschung

- Die Nervenzellen sind zum Zeitpunkt der Geburt im Wesentlichen angelegt, aber in bestimmten Bereichen des Gehirns noch nicht miteinander verbunden.
- Es vollzieht sich ein stetiger Umbau von Nervenverbindungen, wobei nur ca. 2/3 der ursprünglich angelegten Nervenverbindungen erhalten bleiben.
- Welche dies sind, hängt in hohem Maße von der Dauer, Intensität und Komplexität der Umweltreize ab und hat einen großen Einfluss auf die Entwicklung des Gehirns.
- Bereits vor der Geburt verfügt das kindliche Gehirn über fast unvorstellbare Qualitäten. 5. Monat: 2 der 5 Sinne sind bereits in Funktion (Tastsinn und Gehör); pro Sekunde werden ca. 50.000 neue Nervenzellen (Neuronen) gebildet. 6. Monat: Das Hirnwachstum ist so schnell, dass sich die äußeren Hirnschichten nach innen falten müssen, um noch im Schädel Platz zu finden. 7. Monat: Fast alle Nervenzellen, die für das Leben erforderlich sind, sind gebildet – rund 100 Billionen. 8. Monat: ca. 1.000 Trillionen Synapsen (Verschaltungen von Nervenzellen) sind gebildet.
- Mit der Geburt: Alle prinzipiellen Gehirnfunktionen sind vorhanden, müssen aber noch verfeinert werden.
- Je nach Beanspruchung werden Verschaltungen gefestigt oder eliminiert. Prinzip „use it or lose it" („benutzen oder verlieren").
- 2. Lebensjahr: Das Gehirn hat ca. 80% der Größe eines Erwachsenengehirns.
- 3. Lebensjahr: „Ausjäten" der überschüssigen, selten oder gar nicht benutzten Verbindungen bzw. Verstärken der häufig beanspruchten Verbindungen. Wichtig: Dieser Prozess ist stark von Umwelteinflüssen abhängig und das Ergebnis der Verfeinerung und Spezialisierung des Gehirns ist mehr oder weniger irreversibel. Je früher die Verschaltungen stattfinden, desto stabiler sind sie.
- Die meisten Synapsen werden in der frühen Kindheit bis zur Pubertät aufgebaut.
- Für bestimmte Verschaltungen gibt es Zeitfenster (z. B. für Sprache). In diesen sensiblen Entwicklungsphasen ist es wichtig, ein adäquates sensorisches, motorisches und emotionales Reizangebot zu schaffen.
- 10. Lebensjahr: Es sind nur noch halb so viele Synapsen wie im 8. Monat vor der Geburt vorhanden, also ca. 500 Trillionen.

Kinder lernen selbstständig
Jedes Kind ist zu unterschiedlichen Zeiten mit unterschiedlichen Themen beschäftigt und entwickelt ganz eigene Handlungsweisen. Die individuellen Entwicklungen und Potenziale der Kinder verlangen deshalb unterschiedliche Wege für ihre Förderung. Wichtig zu wissen ist dabei, dass die frühe Kindheit bis zum Schulalter die lernintensivste Zeit des Menschen ist. Die in dieser Entwicklungsphase gesammelten Erfahrungen bilden die Grundlage für alle weiteren Lernprozesse. In diesem Alter sind Kinder besonders aufnahmefähig, empfänglich, lernbereit und lernfähig. Daraus ergibt sich, dass Kinder ihren eigenen Rhythmus des Lernens und Kompetenzerwerbs haben und demnach hierfür unterschiedlich viel Zeit benötigen.

Kinder lernen ganzheitlich
Ganzheitliche Lernerfahrungen schließen die Bildung aller fünf Sinne mit ein: Sehen, Hören, Schmecken, Fühlen und Riechen. Hinzu kommen die emotionale Wahrnehmung sowie die Körpererfahrung, die die Wahrnehmung von sich selbst und der Welt vertiefen. Ganzheitliches Lernen meint auch, dass Sprache und Denken untrennbar verbunden sind. Sprache kann das Gedachte ausdrücken, Gefühle zum Ausdruck bringen und allen Dingen in der Welt einen Namen geben. Darum ist die Sicherung des Spracherwerbs eine so wichtige Aufgabe für Kinder.

Kinder lernen spielend
Spielen und Lernen sind bei Kindern eng miteinander verknüpft. Kinder erkunden ihre Welt spielerisch. Kinder brauchen Spielraum zur Entfaltung ihrer Persönlichkeit. Für sie ist Spielen allein oder mit anderen die elementarste Form, sich mit der Welt auseinander zu setzen und sich auszudrücken. Das „freie Spiel" in der Kindergruppe ist demnach eine elementare Form der „Weltaneignung". Dabei spielen die gezielte Beobachtung und eine ausgeprägte Wahrnehmungsfähigkeit der Fachkräfte eine bedeutsame Rolle. Sie regen die Kinder mit ihren vielfältigen methodischen Angeboten (Rollenspiel, Konfliktlösungsszenarien etc.) dazu an, ihr Spiel zu erweitern und zu bereichern.

Kinder lernen mit anderen
Kinder brauchen eine überschaubare Gemeinschaft. Sie ist für die kindliche Entwicklung von großer Bedeutung. Vorteilhaft sind altersgemischte und alterserweiterte Gruppen, die idealerweise ein ausgewogenes Verhältnis zwischen Jungen und Mädchen aller Altersstufen aufweisen, in denen sich Kinder unterschiedlicher kultureller Herkunft befinden und in denen behinderte und nicht behinderte Kinder gemeinsam betreut und gebildet werden. Sind Gruppen dergestalt strukturiert, bieten sie Kindern eine große Auswahl an Kontakten und Erfahrungsmöglichkeiten. Kinder lernen in Gruppen ihre Interessen, Wünsche und Bedürfnisse in ein Verhältnis zur sozialen Gemeinschaft zu setzen. Sie regen sich gegenseitig an und überprüfen im Umgang miteinander ihre Thesen von der Welt. Dabei lernen sie, wie man einander zuhört, wie man sich gegenseitig achtet, Grenzen einhält, um Verzeihung bittet und verzeiht.

Bildungsgrundsätze auf der Basis des Situationsorientierten Ansatzes

- Ausgangspunkt ist die Lebenssituation der Kinder und Familien.
- Was im Leben der Kinder wichtig ist, wird im Diskurs herausgefunden.
- Kinder lernen in realen Lebenssituationen, in einem anregungsreichen Umfeld.
- Kinder eignen sich die Welt vor allem im Spiel an.
- Kinder lernen voneinander.
- Kinder gestalten ihre Situation in der KiTa aktiv mit.
- Der Sinn von Werten und Normen erschließt sich den Kindern vor allem im täglichen Zusammensein.
- Kinder leben und lernen in altersgemischten Gruppen/altersübergreifenden Bezügen.
- Kinder leben und lernen in interkulturellen Zusammenhängen.
- Die Arbeit fördert die Integration und wendet sich gegen Ausgrenzung.
- Räume werden als „gebaute Pädagogik" verstanden.
- ErzieherInnen sind Lehrende und Lernende zugleich.
- Eltern und andere Erwachsene sind eingeladen, sich aktiv zu beteiligen.
- Die KiTa entwickelt enge Beziehungen zum gesellschaftlichen Umfeld.
- Die KiTa begreift sich als lernende Organisation.
- Die pädagogische Arbeit beruht auf einer offenen Planung und wird fortlaufend dokumentiert.

DER BILDUNGSAUFTRAG UND SEINE FOLGEN

- **Grundhaltung und Gestaltung**
- **Beobachtung und Dokumentation**

In fast allen anderen europäischen Ländern genießen ErzieherInnen einen höheren Status als in Deutschland. Oft sind sie von der Ausbildung her mit GrundschullehrerInnen gleichgestellt. Bildungspläne, wie sie derzeit bei uns erst entstehen, liegen dort meist schon vor. Soll die Umsetzung der Bildungspläne in den Tageseinrichtungen zum Erfolg führen, dann müssen Ausbildungsstätten ihre Lerninhalte schnell und gründlich ändern. Dies birgt die Chance, an der Neuausrichtung institutioneller Erziehungs- und Bildungsarbeit mitzuwirken und den gesellschaftspolitischen Wert der Arbeit von ErzieherInnen ins angemessene Licht zu rücken.

Grundhaltung und Gestaltung

Zentrale Aufgabe der Fachkräfte ist es, sich von Beginn an für die individuelle Familiensituation und für die jeweilige Entwicklungs- und Bildungsbiografie des Kindes zu interessieren. Handlungsleitender Gedanke ist dabei, die Denk-, Vorstellungs- und Handlungsweisen der Kinder zu erkennen und zu begreifen. Dieses Verstehen stellt sozusagen den „Schlüssel" zu den Kindern dar, mit dem sich die Fachkraft Zugänge zu den je verschiedenen Bildungswegen der Kinder verschafft. Gleichzeitig werden die Beobachtenden dadurch selbst zu Lernenden im Bildungsprozess. Zwingend hierfür ist, dass sich die Fachkräfte mit ihrer eigenen Erziehungs- und Bildungsbiografie auseinander setzen. Denn nur so erkennen sie ihre eigenen Zugänge, Vorlieben und Abneigungen bezüglich unterschiedlicher Bildungsbereiche und ihre eigenen Kompetenzen.

Wichtige Grundhaltung ist, die Kinder mit all ihren Stärken, Schwächen, Eigenheiten und Besonderheiten zu akzeptieren und zu respektieren. Die Fachkräfte nehmen jedes Kind in seiner individuellen Entwicklung wahr und erkennen aufgrund der systematischen und fortlaufenden Beobachtung und Dokumentation rechtzeitig, wenn ein Kind in seiner Entwicklung gefährdet oder beeinträchtigt ist. Somit schaffen sie die Voraussetzung, das Kind im Lernen und Entdecken zu unterstützen. Die Fachkräfte gehen individuell und persönlich geprägte Beziehungen zu den Kindern ein und schaffen so einerseits Bindungen mit den Kindern und andererseits eine Atmosphäre, die das Forschen und Erkunden fördert.

Aus der Nähe zu den Kindern erfahren die Fachkräfte, welche Fragen, Interessen und Ideen diese haben, wie sie sie anregen und in ihrem Tun bekräftigen und motivieren können. Die Fachkräfte ermutigen die Kinder zu eigenständigem Tun und regen sie zur fragenden Erkundung der Welt an. Sie greifen die Ideen der Kinder auf, führen sie an neue Themen heran und unterstützen ihre Neugier und ihren Forscherdrang. Die Kinder können ihr Tun aktiv mitbestimmen und gestalten, ihre Erfahrungen werden ernst genommen und ihre Kräfte herausgefordert.

Gestaltung des Kindergarten-Alltags

In einer Tageseinrichtung leben, lernen und spielen Kinder aus verschiedenen familiären Verhältnissen, verschiedener kultureller Herkunft, unterschiedlichen Alters und Entwicklungsstandes zusammen. Das Leben in der Einrichtung stellt ein eigenständiges soziales Beziehungsgefüge dar, es ist ein Übungsfeld sozialen Verhaltens. Die vielfältigen Alltagssituationen sind dabei voller Lernanregungen. Deshalb ist von Bedeutung, wie das Leben dort gestaltet wird – und von wem. Günstige Bedingungen herrschen dann, wenn jedes Kind Zuwendung und Aufmerksamkeit erfährt, wenn die Kinder ihr Leben aktiv mitbestimmen und gestalten können, ihre Erfahrungen, Kenntnisse und Forschergeist herausgefordert werden.

Aufgaben der Fachkräfte:
- als verlässliche und vertraute Bezugsperson emotionale Zuwendung, Schutz, Sicherheit und Geborgenheit geben
- für Anliegen und Wünsche der Kinder offen sein und ihre Bedürfnisse und Gefühle ernst nehmen
- für ein Klima innerhalb der Einrichtung sorgen, das Vorbildcharakter hat
- Kinder an der Planung und Gestaltung des Zusammenlebens beteiligen
- auf die besonderen Bedürfnisse der jeweiligen Altersgruppen eingehen und altersentsprechende Bedingungen und Erfahrungsräume schaffen
- die Kinder ermutigen, ihre Wünsche und Ideen zu äußern, Fragen zu stellen und nach Antworten selbst zu suchen
- die Kinder darin unterstützen, sich über unterschiedliche Erwartungen zu verständigen und Vereinbarungen, bei denen es keine Verlierer gibt, zu finden
- Lern- und Erfahrungsmöglichkeiten außerhalb der Tageseinrichtung suchen
- den Wechsel zwischen Entspannung und Anspannung, von Ruhe und Aktivität ermöglichen
- gesunde Ernährung und Freude an Bewegung fördern

Gestaltung der Räume

Kindertageseinrichtungen sind „Werkstätten des Lernens". Deshalb soll die Einrichtung so gestaltet sein, dass sie zu aktivem Tun, zu Bewegung, zur Gestaltung von Beziehungen, zu konzentriertem Arbeiten und zu Muße und Entspannung einlädt. Räume und deren Ausstattung können einen Beitrag dazu leisten. Wichtig dabei ist, dass die Außen- und Innenräume verschiedene Alters- und Interessengruppen, Kinder mit unterschiedlichen Entwicklungen und Begabungen ansprechen und ihnen vielseitige Bewegungserfahrungen bieten.

Die pädagogischen Fachkräfte gestalten gemeinsam mit den Kindern die Räume und ihre Nutzung so, dass die Kinder den Initiativen nachgehen können, die sie für ihre Selbstbildungsprozesse brauchen.

Aufgaben der Fachkräfte:
- auf die Veränderbarkeit der Räume achten, damit die Kinder immer wieder neue Ideen zur Gestaltung entwickeln und leicht umsetzen können – so kann eine Identifikation der Kinder mit „ihren" Räumen erleichtert und das Wohlfühlen gefördert werden
- darauf achten, dass die Kinder durch die Gestaltung und Ausstattung der Räume zum eigenständigen Tun, zum Experimentieren, Forschen und Gestalten angeregt werden
- Kinder dabei unterstützen, sich im Raum orientieren zu können
- sicherstellen, dass die Kinder freien Zugang zu Spielen und Materialien, zu Handwerkszeug und Medien haben
- Räume nicht mit „Kinderprodukten" überladen
- überprüfen, dass das Verhältnis von „vorgefertigten" Materialien zu „echten" Alltagsgegenständen stimmt

Gestaltung des Spiels

Das Spiel der Kinder ist grundsätzlich immer eine selbstbestimmte Tätigkeit, in der Kinder ihre Lebenswirklichkeit konstruieren und rekonstruieren. Deshalb können die pädagogischen Fachkräfte davon ausgehen, dass alles, was Kinder tun, für sie selbst sinnvoll ist.

Dies bedeutet, dass die Kinder soweit wie möglich selbst entscheiden, was, wann, wie lange und mit wem sie spielen möchten. Dies impliziert auch, dass die Fachkräfte das jeweilige Spiel der Kinder akzeptieren und zu erkunden versuchen, welche Bedeutung das Spiel für die Kinder hat und welche bildenden Aspekte es enthält.

Aufgaben der Fachkräfte:
- möglichst vielfältige Materialien zur Verfügung stellen
- die Gruppe beobachten, ob Kinder sich zurückziehen, ausgeschlossen werden oder einzelne Aktivitäten bewusst und dauerhaft meiden
- sich einen Überblick verschaffen, welche Spielpartnerschaften, welche Subsysteme es in der Gesamtgruppe gibt
- Kinder ermuntern, eigene Spielideen zu entwickeln und umzusetzen
- als Ansprechpartnerin und Ratgeberin zur Verfügung stehen
- selbst Spaß am Spiel haben
- Impulse geben, um Spiele variantenreicher und interessanter zu gestalten, ohne die Spielideen der Kinder zu unterdrücken
- falls erforderlich, Kinder beim Aushandeln und Vereinbaren von Regeln unterstützen
- Kindern helfen – entsprechend ihrem Entwicklungsstand – Spielregeln zu verstehen, einzuhalten, neue zu erfinden und sich bei Konflikten und Streitigkeiten auf das Vereinbarte zu stützen

Gestaltung von Projekten

Ein Projekt ist ein bewusstes, zielgerichtetes Handeln, eine zeitlich und inhaltlich geplante Abfolge der Auseinandersetzung mit einem Thema aus der kindlichen Lebensrealität. Das heißt, dass sich aus den Interessen und Neigungen der Kinder Projekte oder Themen ergeben, die für das Aufwachsen in unserer Welt und für die Erweiterung der Weltsicht des Kindes wichtig sind.

Aufgaben der Fachkräfte:
- systematisch und zielgerichtet die Interessen und Bedürfnisse, Fragen, Probleme und Themen der Kinder beobachten
- gesellschaftliche und kulturelle Entwicklungen prüfen, welche für das Aufwachsen in der Gesellschaft und für die Erweiterung der Weltsicht der Kinder bedeutsam sind
- Fähigkeiten und Fertigkeiten der Kinder berücksichtigen und die Kinder entsprechend ihrer Entwicklung in ihrem selbstbestimmten, sozial verantwortlichen und sachkompetenten Handeln fördern
- die Umsetzung der Projekte gemeinsam mit den Kindern überlegen und planen
- gemeinsam erkunden, was Eltern, KollegInnen und weitere Personen zu dem Thema einbringen könnten (ggf. unter Zuhilfenahme der Potenzialanalyse; siehe S. 47)

- die Tätigkeiten einzelner Kinder ebenso wie die von Klein- und Großgruppen unterstützen
- bei der Realisierung der Vorhaben als Ansprechpartnerin und Unterstützerin zur Verfügung stehen
- die Erfahrungen zusammen mit allen Beteiligten auswerten
- den Verlauf der Projekte dokumentieren und dabei die Kinder einbeziehen
- darauf achten, dass der Prozess für Kinder und Eltern nachvollziehbar ist

Gestaltung der Erziehungspartnerschaft mit den Eltern

Aufgrund der gemeinsamen Bildungs- und Erziehungsverantwortung wirken Fachkräfte und Eltern partnerschaftlich zusammen. Grundgedanke dabei ist, dass insbesondere Kindertageseinrichtungen und Eltern, ebenso wie die Grundschulen, eine gemeinsame Erziehungsverantwortung für Kinder haben. Dabei orientieren sich MitarbeiterInnen von Kindertageseinrichtungen in ihrem Handeln grundsätzlich an den Belangen der Familien. Der Fokus der Fachkräfte ist dabei auf das gesamte familiäre Lebensumfeld mit möglichst vielen Facetten ausgerichtet.

Erziehung wird dabei als Aktivität und Verantwortung der Erwachsenen gegenüber den Kindern verstanden, die eine Zusammenarbeit im Sinne einer Erziehungspartnerschaft aller an der Bildung und Erziehung Beteiligten erfordert. In diesem Sinne wirken Fachkräfte und Eltern partnerschaftlich zusammen.

Aufgaben der Fachkräfte:
- die Beteiligten über die Bildungs- und Erziehungsziele und ggf. über die Aufgaben in der Familie und der Tageseinrichtung informieren
- als Fachkraft regelmäßig mit den Eltern über die Entwicklung des Kindes sprechen
- gemeinsam mit den Eltern mögliche Formen der Beteiligung entwickeln und deren fachliche Kompetenzen in die Arbeit der Tageseinrichtung einbeziehen
- Eltern in Workshops der Einrichtung zu pädagogischen Themen einbeziehen
- Eltern die Möglichkeit bieten, sich in einem angemessenen Rahmen mit einem Höchstmaß an Offenheit und Vertrautheit zu begegnen und miteinander auszutauschen (Elterncafé, Elternecke etc.)
- Eltern grundsätzlich die Möglichkeit der Hospitation bieten
- die Eingewöhnungsphase der Kinder grundsätzlich individuell gestalten und mit den Eltern abstimmen, welche Begleitung des Kindes sinnvoll ist
- in der Elternschaft vorhandene Potenziale (Fähigkeiten/Fertigkeiten) in den Alltag der Einrichtung einbeziehen
- Entwicklungsschritte der Kinder dokumentieren und in Portfolios festhalten

Gestaltung des Übergangs zur Schule

Die pädagogischen Fachkräfte arbeiten mit den Eltern und der aufnehmenden Schule zusammen und tauschen sich darüber aus, wie die Gesamtpersönlichkeit des einzelnen Kindes, seine Interessen, Vorlieben und individuellen Entwicklungs- und Lernprozesse, seine Selbsttätigkeit und Selbstständigkeit sowie seine Gestaltung sozialer Beziehungen unterstützt und gefördert werden können. So können Bildungsinhalte und pädagogische Methoden auf die jeweilige Bildungsbiografie des Kindes abgestimmt werden.

„Auf dem Hintergrund des Konzepts einer ‚kindfähigen Schule' beschreiben die pädagogischen Fachkräfte und Kooperationslehrer ‚Schulfähigkeit' als wechselseitigen Prozess der Anschlussfähigkeit beider Institutionen, die an der Bildungsbiografie des jeweiligen Kindes ansetzen, kein Kind beschämen und Kinder nicht ausgrenzen. Darüber hinaus führen die Mitarbeiterinnen von Tageseinrichtungen und Schulen gemeinsam Projekte durch, bauen Kooperationsstrukturen auf und bilden sich gemeinsam weiter" (Orientierungsplan BaWü).

Beobachtung und Dokumentation

Ausgangspunkt für die Umsetzung der Bildungsinhalte ist grundsätzlich die Wahrnehmung der Fragen, Interessen und Themen der Kinder. Sie sind Ausdruck des kindlichen Bildungsinteresses und deshalb mehr als ein Anlass für Beschäftigungsangebote. Vielmehr stehen sie im Zentrum der zu planenden Angebote. Grundlage jeglicher Bildungsarbeit ist somit ein systematisches Beobachten und Wahrnehmen der Kinder. Ziel der Beobachtungen muss dabei sein, herauszufinden, was ihre Stärken und Schwächen in dem jeweiligen Bildungsbereich sind, wie sie Anregungen aufnehmen und wie sie sich damit beschäftigen. Nur so ist es möglich, den Kindern Lernimpulse zu setzen und solche Herausforderungen im Sinne von „Zumutungen" zu formulieren, die die Kinder zum weiteren Forschen ermuntern.

Die Beobachtungen, die daraus gewonnenen Erkenntnisse, die gesetzten Impulse und Herausforderungen wie auch die Erfahrungen, die ein Kind damit gemacht hat, sind Bestandteile einer Dokumentation über die kindlichen Entwicklungsprozesse. Eine solche sortierte und gegliederte Dokumentation ermöglicht es, Entwicklungsverläufe nachzuvollziehen. Gleichzeitig bilden Beobachtungsdokumentationen eine solide Grundlage für Gespräche mit Eltern.

Das Thema hinter dem Thema

Die Begleitung und Förderung von Bildungsprozessen bei Kindern erfordert eine gewisse pädagogische Neugierde auf Seiten der Fachkräfte. Sie sollten sich als „forschende PädagogInnen" verstehen, die sich auf die Suche nach den individuellen Bildungswegen jedes einzelnen Kindes machen und die spezifischen Interessen ergründen. Denn ErzieherInnen müssen wissen, womit sich ein Kind beschäftigt, was es gerne tut oder meidet. Ziel dabei ist immer die Erweiterung des Verständnisses der Fachkräfte für das Verhalten und Erleben des Kindes und das Bestreben, seine Stärken zu unterstützen und seine Schwächen abzubauen.

Beobachtungen dürfen keinesfalls ausschließlich auf Defizite gerichtet sein und stigmatisierende Aussagen zum Ergebnis haben. Beobachtungen sollen einen Gesamtblick auf das Kind ermöglichen und Ansatzpunkte aufzeigen, wie das Kind in seiner Entwicklung optimal gefördert werden kann. Beobachtung hat das Ziel, das „Thema" des Kindes in Erfahrung zu bringen. Doch nicht selten ist das spontan Erkennbare, offensichtlich im Vordergrund Stehende nicht das, was das Kind eigentlich beschäftigt. Deshalb muss das „Thema hinter dem Thema" gesucht werden. Beobachtungen und Wahrnehmungen werden stets durch subjektive Erfahrungshintergründe und Gefühle der Personen bestimmt, die die Beobachtung vornehmen. Um hier nicht in eine „Wahrnehmungsfalle" zu tappen, ist es erforderlich, dass sich die Fachkräfte untereinander austauschen, worauf sie besonderen Wert legen, wofür sie ein besonderes Gespür entwickeln wollen und auf welche Themen sie in Zukunft noch mehr Augenmerk legen wollen. Ebenso empfiehlt sich eine Verständigung darüber, warum und woraufhin ein Kind/eine Kindergruppe beobachtet werden soll.

Wahrnehmungsfallen

Wir möchten Ihnen an dieser Stelle noch eine Situation beschreiben, die verdeutlicht, wie wichtig es ist, sich mit dem Thema „Wahrnehmungsfallen" zu beschäftigen.

Beobachtungen dürfen keinesfalls ausschließlich auf Defizite gerichtet sein.

In einer Kindergartengruppe spielen die älteren Jungen seit Monaten Polizei und die ErzieherInnen reagieren bereits allergisch auf das Spiel. Im Beratungsprozess schildern die PädagogInnen ihre Beobachtungen: Ein Teil der Jungen jagt den anderen Teil, fängt die „Gangster" und inhaftiert diese. Die ErzieherInnen suchten das Gespräch mit den Kindern und dabei kristallisierte sich das Thema „Polizei" heraus. Jetzt war klar, was zu tun war.

Sehr professionell arbeiteten die PädagogInnen das Thema ab: Sie besorgten Bücher und Geschichten, in denen die Polizei vorkam, führten Gespräche über die Polizei und zu guter Letzt kam die ortsansässige Polizeistreife zu Besuch. Diese aktive Auseinandersetzung dauerte etwa drei Monate.

Die geheime Hoffnung der Erwachsenen, dass sich jetzt die Spielinhalte der Jungen verändern würden, erfüllte sich jedoch nicht. Es wurde weiterhin gejagt, verhaftet, gerichtet und inhaftiert.

Ratlos und frustriert entschieden sich die PädagogInnen, das Spiel ab sofort zu verbieten.

Was geschah nun? Nachdem das Thema „Polizei" inklusive der „ech-

ten" Uniform aus den Räumen des Kindergartens verbannt war, entwickelte sich ein „neues" (erlaubtes) Spiel: Ein Teil der Jungen wurde zu wilden Tieren, die andere jagten, in die Höhle verschleppten und dort festhielten.
Vielleicht schmunzeln Sie an dieser Stelle?
Im Gespräch der ErzieherInnen wurde deutlich, dass sie sich sehr schnell durch das Spiel der Jungen auf das Thema „Polizei" hatten festlegen lassen. In der Beratungssituation nach dem beobachteten Spielverhalten befragt, berichteten sie: Ein Teil der Jungen jagte die anderen; zum Teil wollten die Gejagten nicht mitspielen und wurden dazu genötigt. Es wurden auch Stöcke als Spielutensilien benutzt. So lag die Vermutung nahe, dass es sich hier um das Thema „Polizei jagt Gangster" handle. Verstärkt wurde diese Vermutung durch die eine oder andere Aussage der spielenden Jungen.
Zu sehr waren die Erwachsenen auf die Sachinhalte des Spiels fixiert. Die Würdigung der emotionalen Inhalte des Spiels fehlte ganz. In Gesprächen mit den Kindern wurde fast nicht über die Gefühle und Motive gesprochen – und diese waren auch nicht Gegenstand der Beobachtung. Uns ist es wichtig zu verdeutlichen: Jedes Spiel hat einen sachlich-inhaltlichen und einen emotionalen Anteil. Beide sollten im Sinne einer ganzheitlichen Betrachtung beachtet werden.
Noch ein Beispiel zum Schluss. Sabine ist 6 Jahre alt und hat ihre vorderen Schneidezähne verloren; Kai, ebenfalls 6 Jahre, fehlt auch ein Schneidezahn. Sabine ist stolz und erzählt allen, dass die Zähne ausgefallen sind und sie bald in die Schule kommt. Kai ist durch den Verlust des Zahns unsicher und spricht kaum; bei einem Gespräch mit ihm artikuliert er seine Unsicherheit und Angst, die er jetzt beim Sprechen hat, „weil da die Luft so komisch rausgeht". Inhaltlich-sachlich macht es bei beiden Kindern Sinn, über den Zahnwechsel zu reden und ihnen hier neues Wissen zur Verfügung zu stellen. Bleibt aber der emotionale Anteil unberücksichtigt, werden beide Kinder mit den Gefühlen bezüglich dieses Themas alleine bleiben.

Technik des Beobachtens
Grundsätzlich bieten sich folgende zwei Beobachtungsformen an:
1. die Gelegenheitsbeobachtung (situationsbedingte Zufälligkeiten)
2. die systematische Beobachtung (z. B. Erhebung zur Gesamtentwicklung des Kindes oder zu Einzelaspekten und Fähigkeiten; Beobachtung von Bildungsthemen, von bestimmten Situationen oder Aktivitäten; von Kindergruppen).

Wir denken, dass eine systematische Beobachtung von Kindern, d. h. in einer standardisierten Form und in regelmäßigen zeitlichen Abständen, dringend ratsam ist, um an der Entwicklung von Kindern „dranbleiben" zu können.
Zur Beobachtung bieten sich verschiedene Erhebungsmethoden an, z. B. Soziogramme, Protokolle, Strichlisten/Häufigkeitsauszählungen, Engagiertheitsskalen, Beobachtungsbögen, Entwicklungsraster, Portfolio, Befragungen, Teamgespräche, Tagebücher, Video-, Kassettenaufnahmen. Sie werten die Beobachtungen im Team, mit den Kindern und Eltern aus. Sie ziehen im Einverständnis mit den Eltern bei Bedarf weitere Personen (z. B. Beratungsstellen, Frühförderung, etc.) hinzu. Regelmäßige Dokumentationen stellen die Bildungswege der Kinder oder einer Kindergruppe dar (z. B. Plakate, Aushänge, Arbeiten der Kinder, Ausstellungen, Erzählungen, Berichte). Die pädagogischen Fachkräfte dokumentieren ihre Beobachtungen, Reflexionsergebnisse bzw. Auswertungen unter zu Hilfenahme verschiedener Medien so, dass die Inhalte für die Eltern verständlich sind. Sie ermutigen die Kinder, sich bei der Sammlung von Beispielen für ihre eigene Lerngeschichte zu beteiligen (z. B. durch Bilder, Texte, wichtige Gegenstände). Bei der Veröffentlichung und Aufbewahrung dieser Dokumente achten die Fachkräfte auf den Datenschutz. Sie stellen diese Dokumentationen den Eltern zur Verfügung.

Qualitätssicherung
Die pädagogischen Fachkräfte reflektieren und bewerten ihre Arbeit in Bezug auf die pädagogischen Orientierungen und Zielsetzungen ihres Erziehungs- und Bildungsauftrages. Dieser kritische Blick auf die Qualität muss – soll er umfassend und ergiebig sein – durch Selbstevaluation permanent und durch Fremdevaluation in regelmäßigen Abständen (siehe Elternbefragung) erfolgen. Ein Abgleich der Selbst- und Fremdwahrnehmung bietet eine hervorragende Basis für eine Reflexion im Kreise der MitarbeiterInnenw, aber auch mit den Eltern. Die Ergebnisse dieser Auswertung bieten beste Chancen zur Verbesserung und Weiterentwicklung der Qualität der Arbeit.

VORBEREITUNG DER KONZEPTION

- **Personelle Ausstattung**
- **Zeitplanung**
- **Beschaffung der Ressourcen**

Wir empfehlen Ihnen an dieser Stelle mit Nachdruck, in die Vorbereitungsphase genügend Zeit zu investieren. Denn: „Gut geplant ist halb am Ziel". Wir wissen aus vielfältigen Erfahrungen, dass diese Investition an Zeit und Sorgfalt sich rentiert und eine Menge Nerven und Verdruss sparen hilft. Die Zeit, die Sie im Vorfeld aufwenden, bekommen Sie später doppelt zurück. Die Art und Weise, wie Sie sich selbst, aber auch die am Prozess Beteiligten vorbereiten, wird auf den Erfolg der Konzeption wesentlichen Einfluss nehmen.

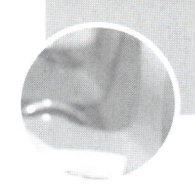

Personelle Ausstattung

Wir raten dazu, vor Beginn einer Konzeptionsentwicklung die Vereinbarungen zu wesentlichen Eckdaten schriftlich zu fixieren. Ein solcher Kontrakt hat den Vorteil, dass alle Prozessbeteiligten gleichermaßen einschätzen können, worauf sie sich eingelassen haben und was auf sie zukommt, wer welche Rolle und welche Aufgaben übernimmt und unter welchen Bedingungen (z. B. Mehrarbeitsausgleich, Wochenendzulagen) die Mitarbeit letztlich erfolgt.
Hier die wichtigsten Punkte:
- Ziel der Maßnahme
- Rechtliche und trägerspezifische Grundausrichtung der zu entwickelnden Konzeption
- Verantwortlichkeiten, Beteiligungsstrukturen
- Zeitrahmen
- Konditionen
- Kosten
- Kündigungsmodalitäten bei externer Begleitung/Beratung

Wer ist an der Konzeptionsarbeit zu beteiligen?

Wenn wir uns ernsthaft und konsequent der Frage widmen, für wen wir die Konzeption erstellen, dann gibt es nur eine zutreffende Antwort: für diejenigen, die es angeht, d. h. die Kinder und deren Eltern. Wer also ist zu beteiligen? Genau diese Personengruppen.
Ein Schneider würde zu keiner Zeit infrage stellen, ob die Person beteiligt werden muss, für die er ein maßgeschneidertes Kleidungsstück nähen soll. Denn ohne die individuellen Maße und Wünsche der Person, für die der Schneider ein Kleid oder einen Anzug fertigen soll, wird kein befriedigendes Ergebnis zu erwarten sein.
Fachkräfte in Tageseinrichtungen benötigen zur Entwicklung einer „passgenauen" Konzeption die Erwartungen und Wünsche der Beteiligten, d. h. von Kindern und Erwachsenen.
Kinder nennen wir an erster Stelle. Denn sie stehen im Mittelpunkt, sind sozusagen „HauptnutzerInnen". Deshalb sind Kinder bei der Beteiligung in besonderem Maße zu berücksichtigen. Ihre Meinung ist ernst zu nehmen, ihre persönlichen Bedürfnisse müssen wahrgenommen und beachtet werden, sie müssen offensiv und glaubhaft aufgefordert werden, sich einzubringen. So erfahren sie demokratische „Spielregeln" und erleben, dass sich Mitgestaltung lohnt.
Ebenso sind Eltern als Erziehungspartner und KundInnen zu beteiligen. Vorab jedoch ein wichtiger Hinweis: Bevor Sie sich zu einer Beteiligung von Eltern entschließen, müssen Sie sicher sein, dass Sie auch bereit sind, die Ideen, Vorschläge oder Änderungswünsche von Eltern vorbehaltlos zu prüfen. Beteiligung macht nur in dem Maße Sinn, wie sie glaubhaft ist. Das meint nicht, dass alles, was von Elternseite gewünscht und erwartet wird, auch zu erfüllen ist. Eine kritische Auseinandersetzung mit der Elternsicht allerdings kann erwartet werden.
Damit Eltern als „DenkpartnerInnen" gewonnen werden, ist es erforderlich, ihnen offen zu begegnen und zu zeigen, dass sie wertvolle Impulse geben und zu einer Weiterentwicklung der Konzeption beitragen können. Voraussetzung hierzu ist, dass die Eltern über das pädagogische Programm der Einrichtung ausreichend informiert sind.

Selbstmotivation

Die Person, die ein großes Interesse an der Konzeptentwicklung hat und sich bereit erklärt, den Prozess zu strukturieren, nimmt für die anderen am Entwicklungsprozess Beteiligten eine wichtige Funktion ein. In der Regel handelt es sich hierbei um die Einrichtungsleitung oder um Vorgesetzte auf der Trägerebene. Diese Person muss sich ihrer Vorbildfunktion bewusst sein. Denn an ihrem Verhalten – auch schon in der Vorbereitungsphase – werden die Beteiligten überprüfen, wie ernst sie es mit der Konzeptentwicklung wirklich meint.
Gerade in der Vorbereitungsphase, wenn es darum geht, „Mitstreiterinnen und Mitstreiter" zu gewinnen, ist das persönliche Zielbewusstsein ein wichtiger Motivationsmotor. Halten Sie sich deshalb von Beginn an deutlich vor Augen, welche Vorteile und Erleichterungen eine Konzeption für Sie, Ihre MitarbeiterInnen, Ihr Arbeitsfeld in Zukunft mit sich bringen wird. Sie brauchen den Blick für den „Gewinn". Wo wollen Sie sonst Ihre Zuversicht und Ihren Elan angesichts der bevorstehenden Mehrarbeit „herzaubern"?

Die Rolle der Leitung

Die Leiterin spielt bei der Konzeptionserstellung eine wichtige Rolle, denn es geht darum, „Spielregeln" für das Verfahren zu installieren. Die Leiterin ist verantwortlich im Sinne eines Inhalts- und Prozesscontrollings. An dieser Stelle möchten wir die wesentlichen Grundhaltungen der Leiterin beschreiben, die auch für das weitere Verfahren gelten. Die Leiterin muss nicht perfekt sein. Sie muss nicht auf alle Fragen eine Antwort wissen und muss nicht auf Harmonie achten! Allerdings sollte sie die Fähigkeit besitzen, auch ihr Nicht-Wissen gegenüber den MitarbeiterInnen offen zu kommunizieren. Ihre Ziele im Hinblick auf Pädagogik, Eltern- und Teamarbeit sollten eindeutig sein und selbstbewusst von ihr vertreten werden. Die klare und offene Nennung von Zielen seitens der Leitung ist das Kernstück für ein gutes Gelingen. Den MitarbeiterInnen bietet dies Gelegenheit, Zustimmung oder Ablehnung zu signalisieren. Je besser die Leitung deutlich machen kann, dass die Unterschiedlichkeit der persönlichen Einschätzungen innerhalb der Gruppe erwünscht ist, desto eher wird konstruktives Streiten möglich.

Zustimmung einholen

Ihre Motivation zur Konzeptionsarbeit allgemein und Ihre Haltung gegenüber der anstehenden Arbeit speziell ist – wie schon erwähnt – entscheidend und wird haargenau von den anderen Beteiligten beobachtet und wahrgenommen. Ebenso wichtig ist es, die anderen Prozessbeteiligten „ins Boot" zu holen. Denn oftmals sind die Einstellungen der MitarbeiterInnen zu einer systematischen Konzeptionsentwicklung eher ablehnend. Die Gründe hierfür sind vielfältig: Zu wenig Zeit, Angst vor fachlichen Auseinandersetzungen und Divergenzen, negative Erfahrungen mit ähnlichen Projekten und die Sorge, die Arbeit nicht zu schaffen.

Selbstverständlich haben alle von den Beteiligten formulierten Bedenken ihre Berechtigung. Hier gibt es kein „richtig" oder „falsch" und jede Prozessbeteiligte darf über ihre individuellen Ängste, Befürchtungen oder Sorgen reden. So wird eine Transparenz hergestellt, die es der Gruppe ermöglicht, gemeinsam nach Lösungen zu suchen und für alle akzeptable Vereinbarungen zu treffen. Im Vorfeld lassen sich erfahrungsgemäß niemals alle Befürchtungen restlos klären. Hier bedarf es häufig der konkreten Erfahrungen innerhalb der Gruppe und der Erarbeitung von Inhalten, um von einer skeptischen zu einer akzeptierenden Haltung zu gelangen.

Natürlich ist der Wunsch nachvollziehbar, gleich zu Anfang des Entwicklungsprozesses als Gruppe mit aller Kraft an einem Strang zu ziehen. Doch in der Realität ist dies eher selten der Fall, und deshalb ist es von allen Beteiligten auszuhalten, dass nicht alle mit gleicher Vehemenz an den Start gehen. Versuchen Sie, diese Tatsache positiv zu sehen. Seien Sie denen dankbar, die eben nicht von Null auf Hundert in wenigen Sekunden beschleunigen, sondern stattdessen eher behutsam, kritisch hinterfragend oder sogar bremsend an die Arbeit herangehen. Denn sie sind der Ausgleich zu den rasanten Sprintern, denen vielleicht im Laufe des langen Prozesses die Luft ausgeht. Häufig sind gerade dann die

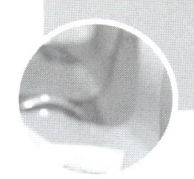

Langsamstarter in Fahrt gekommen und können der Gruppe neue Impulse geben.

Auch hier gilt: Auf die Mischung kommt es an! Stellen Sie sich einmal vor, die Gruppe der Prozessbeteiligten würde sich ausschließlich nur aus einem der beiden „Typen" zusammensetzen.

Wir denken, dass die Prozess-Verantwortliche die wichtige Aufgabe hat, im Vorfeld einerseits die Vorteile einer Konzeption der Gruppe zu vermitteln, andererseits auch die befürchteten Nachteile wahrzunehmen und – soweit möglich – zu beheben.

Entscheidend ist, dass sich die Beteiligten mit dem Ziel einverstanden erklären und grundsätzlich bereit sind, sich und ihre Fähigkeiten in den Prozess einzubringen. Somit ist die Verantwortliche zugleich die „Promoterin" für den Entwicklungsprozess.

Zeitplanung

„Zeit ist Geld und Geld haben wir nicht", heißt es oft. Das stimmt jedoch nur bedingt. In der Regel trifft es zwar zu, dass wir immer weniger Geld haben als wir uns wünschen, und es immer mehr Forderungen gibt als Möglichkeiten, sie zu realisieren. Auch ist es wohl wahr, dass wir immer mehr Arbeit haben, als uns hierfür Zeit zur Verfügung steht. Trotzdem meinen wir, dass die Klagen über zu wenig Zeit nicht wirklich die Realität treffen. Denn tatsächlich haben Sie Zeit. Es kommt nur darauf an, was Sie in und mit der Ihnen zur Verfügung stehenden Zeit anfangen wollen, das heißt, wie viel Zeit Sie für welche Aufgabe investieren. Prioritäten setzen heißt die Zauberformel, das Wichtige vor dem Dringenden tun. Und ein derart wichtiger Prozess wie eine Konzeption erfordert eine hohe Priorität und die verbindliche Bereitstellung eines angemessenen Zeitraums.

Natürlich können Sie nicht alle anderen Arbeiten stehen und liegen lassen. Selbstverständlich müssen die Alltagsaufgaben mit gleicher Qualität fortgeführt werden. Aber es kommt darauf an, nicht mit mehreren „Baustellen", sondern in einem klar umrissenen Zeitabschnitt mit einer großen „Hauptbaustelle" und verschiedenen kleineren „Nebenbaustellen" zu beginnen.

In diesem Zusammenhang gewinnt auch eine realistische Einschätzung des Zeitbedarfs für den Entwicklungsprozess an Bedeutung. Denn erst wenn der gesamte Zeitbedarf als ungefähre Größe bekannt ist, kann die konkrete Planung erfolgen. Des Weiteren ist der Zeitpunkt der Fertigstellung wichtig. Wenn Sie also erstens den geschätzten Zeitbedarf und zweitens den anvisierten Zeitpunkt der Fertigstellung kennen und drittens genau wissen, welche Zeiteinheiten Sie – neben dem laufenden Tagesgeschäft – für den Entwicklungsprozess zur Verfügung stellen wollen, dann können Sie auch gut einschätzen, wann Sie spätestens mit dem Entwicklungsprozess starten müssen und welche Besprechungszeiten hierfür verbindlich zu reservieren sind. Wenn Sie außerdem noch Verzögerungen einplanen, die Sie sicherlich aus Ihrer Praxis kennen, dann wird die Zeitplanung realistisch.

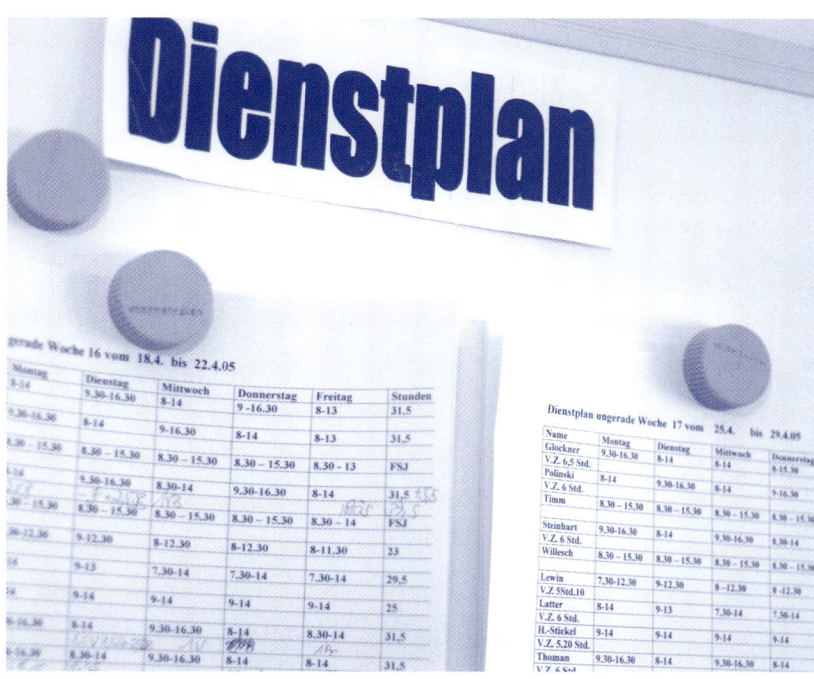

Beschaffung der Ressourcen

Zeit, Raum und Geld sind die wichtigsten Rahmenbedingungen, die im Vorfeld zu klären sind.
Zeit benötigen Sie für Feedback, Reflexionen, Diskussionen, Literatursichtung, Protokolle, Präsentationen usw. Da die Konzeptionsentwicklung Bestandteil der gemeinsamen Arbeit ist, muss sie auch im Rahmen der vorhandenen Dienstarbeitszeit geleistet werden. Natürlich laufen die regulären Arbeiten wie Planung, Anleitung, Eltern- und Kooperationsgespräche weiter und es ist deshalb schwer, die für die Konzeptionsentwicklung erforderliche Zeit „abzuzwacken".

In Klausur

Wir empfehlen Ihnen deshalb – vor allem für den Fall, dass Sie erstmalig eine Konzeption erarbeiten –, bei Ihrem Träger die vorübergehende Schließung der Einrichtung zu beantragen. Bei einer etwa zweitägigen Klausurtagung können Sie störungsfrei arbeiten und wichtige Schritte in die Wege leiten. Sie sollten sich unbedingt einen „Fahrplan" im Rahmen der Jahresplanung geben und Zeiten für die Weiterarbeit an der Konzeption langfristig und verbindlich freihalten.
Zeit kann aber auch durch den Einsatz effizienter Arbeitsmethoden und -formen „herausgewirtschaftet" werden: durch die Anwendung von Moderationstechniken, die Delegation von Teilaufgaben an Kleingruppen, das Weglassen anderer zeitaufwändiger, besonders vorbereitungsintensiver Arbeiten etc.

Ortswechsel

Raum benötigen Sie für die Arbeit in Kleingruppen, für Teamgespräche, für Stellwände und Flip-Charts, für Wandplakate und Moderationsmaterialien u.a. In der Regel ist die Raumfrage kein Problem, denn in den meisten Einrichtungen ist genügend Platz vorhanden. Häufig ist allerdings der für Erwachsene vorgesehene Raum, nämlich das MitarbeiterInnenzimmer, zu klein. Und weil sich bekanntermaßen ein enger Raum eher negativ auf die Kreativität auswirkt, empfehlen wir, sich beispielsweise im Foyer oder in einem der Gruppenräume auszubreiten.
Allerdings sollte dieser Raum dann auch entsprechende Bedingungen (hohe Stühle, Tische, freie Wandfläche) für die Arbeit von Erwachsenen erfüllen. Sollte in der Einrichtung selbst zu wenig Platz sein, bieten sich für eine Konzeptionsarbeit auch Bürgerhäuser, Rathäuser, Gemeindehäuser, Tagungsstätten o. Ä. an. Ein anderer Arbeitsort kann sich ohnehin grundsätzlich als sinnvoll erweisen. Denn über einen Ortswechsel und die Distanz zum regulären Arbeitsort kann auch ein wichtiger und der Konzeptionsarbeit dienlicher Perspektivenwechsel erfolgen.

Finanzen

Geld ist erforderlich, z. B. für Druckkosten, Moderationsmaterial, Computer, Vergabe von Schreibarbeiten, Raummiete, ggf. für Springkräfte oder BeraterInnen. Wofür und in welchem Umfang finanzielle Mittel nötig sind, sollte rechtzeitig erhoben werden. Denn erstens sind die Wege der Mittelbeschaffung häufig weit und „steinig" und zweitens bedarf es u. U. eines Antrags im Rahmen der Haushaltsmittel.
Wenn Sie wissen, was und wie viel Sie brauchen, können Sie zunächst Ihr Umfeld daraufhin „abchecken", wo unentdeckte Ressourcen schlummern, die Sie aktivieren können, um Geld zu sparen. Wenn Sie Ihren Träger von der Notwendigkeit der Konzeption überzeugt haben und dann noch aufzeigen, dass Sie die Maßnahme durch Selbstorganisation möglichst kostengünstig gestalten wollen, stellen sich in der Regel Einsicht und Finanzierungsbereitschaft von selbst ein.

Anregungen

Für die vielseitige Erziehung in Kitas und Kindergärten

Die vorliegende Reihe liefert Ihnen wertvolle Informationen, wenn Sie auf der Suche nach einem zukunftsweisenden Ansatz für Ihre pädagogische Arbeit sind. Sie vermittelt anschaulich die Grundsätze der jeweiligen Konzepte und zeigt Ihnen auch, wie Sie diese in Ihre eigene Arbeit integrieren können. „Profile für Kitas und Kindergärten" – systematisch, informativ, ermutigend.

Je Band 80 Seiten, kartoniert, mit zahlreichen Fotos

€ 9,90 / SFr 18.10 / € [A] 10,20*

Norbert Huppertz
Der Situationsorientierte Ansatz auf einen Blick
ISBN 3-451-28326-3

Gerhard Regel / Thomas Kühne
Arbeit im offenen Kindergarten
ISBN 3-451-27504-X

Wolfgang Saßmannshausen
Waldorf-Pädagogik im Kindergarten
ISBN 3-451-28063-9

Norbert Huppertz
Der lebensbezogene Ansatz im Kindergarten
ISBN 3-451-28144-9

Hans-Georg Schede
Der Waldkindergarten auf einen Blick
ISBN 3-451-27403-5

Lothar Klein
Freinet-Pädagogik im Kindergarten
ISBN 3-451-27790-5

Franz J. Brockschnieder / Wolfgang Ullrich
Reggio-Pädagogik im Kindergarten
ISBN 3-451-27503-1

Ulrich Steenberg
Montessori-Pädagogik im Kindergarten
ISBN 3-451-27840-5

*Europreis Österreich [A] = unverbindliche Preisempfehlung · Unsere Bücher erhalten Sie in jeder Buchhandlung oder bei D+A: kindergarten Fachversand, Postfach 674, D-79006 Freiburg · CH: Herder AG Basel, Postfach, CH-4133 Pratteln 1 · **Für Ihre Bestellung finden Sie in der Heftmitte eine Bestellkarte des kindergarten Fachversands.**

www.herder.de

HERDER

INHALTE EINER KONZEPTION

- Was kommt auf uns zu?
- Bild vom Kind
- Pädagogische Arbeit
- Pädagogisches Fachpersonal
- Unsere Einrichtung

Für den Umgang mit den folgenden Leitfragen erscheint uns vorab erwähnenswert: Diese Fragen sollten nicht „schulisch" abgearbeitet werden. Vielmehr wollen sie zu einer lebhaften Diskussion, zu einem Austausch ohne „richtig" und „falsch" anregen. Ziel jeder Diskussion soll sein, eine konstruktive Streitkultur zu installieren und weiterzuentwickeln. Denn nur wenn eine solche Haltung klar und erkennbar ist, kann auch mit offenen, kreativen und authentischen Beiträgen gerechnet werden.

Was kommt auf uns zu?

Neben der inhaltlichen Arbeit gilt es, den Prozess der Konzeption zu steuern. Konkret heißt das: „Wie kommen wir am erfolgreichsten zum Ziel?" Hier lauern manche Gefahren. Besteht doch bei einer derart intensiven, schwierigen und länger andauernden Arbeit immer die Versuchung, sich im Detail zu verlieren, in fachliche oder menschliche „Fallen" zu tappen oder einfach nur, sich wider besseres Wissen bei nachlassender Energie der Mehrheit zu beugen. Unsere Erfahrung mit Konzeptionsarbeit und in der Begleitung von Gruppen oder Prozessen hat gezeigt, dass häufig „der Wald vor lauter Bäumen nicht mehr gesehen wird". Deshalb erfordert erfolgreiche Konzeptionsarbeit unseres Erachtens an verantwortlicher Stelle nicht nur fachliche, sondern auch Methoden- und Prozess-Kompetenz.

Vorsicht: Stolpersteine!

In diesem Heft haben wir daher neben den Konzeptionsinhalten auch Hinweise zur Bearbeitung aufgeführt. Auf diese Weise haben Sie die Chance, sich mit allen Aspekten der Konzepterstellung auseinander zu setzen und sich im Vorfeld mögliche „Stolpersteine" bewusst zu machen. All das wird Ihnen die Sicherheit geben, die erfolgreiche Konzeptarbeit und Prozesssteuerung erfordern und die letztlich auch zu Ihrer Kompetenzsteigerung beiträgt.

Wir haben darauf verzichtet, die inhaltlichen Bausteine in aller Tiefe zu erläutern. Denn wir sind überzeugt, dass Sie über die entsprechende Fachlichkeit verfügen, um das jeweils Gemeinte zu verstehen.

Allerdings haben wir Leitfragen aufgelistet, die es Ihnen ermöglichen sollen, innerhalb Ihrer MitarbeiterInnengruppe herauszufinden, welche Themen in ihrer Bearbeitung eher unproblematisch und welche mit hohem Diskussionsaufwand verbunden sind. Aus eigener Erfahrung empfehlen wir, die „unproblematischen" Themen arbeitsteilig von mindestens zwei MitarbeiterInnen vorbereiten zu lassen und das Arbeitsergebnis dann gemeinsam mit allen Beteiligten zu diskutieren.

Stopp: Grundlagen!

Bevor Sie sich nun in die konkrete inhaltliche Arbeit stürzen, ist es unerlässlich, zu betrachten, auf welchem pädagogischen Modell die bisherige Arbeit basierte und wie der Bildungsauftrag darauf aufgebaut werden könnte. Erstens sollte sorgfältig überprüft werden, welche pädagogischen Modellvorstellungen das Denken der am Entwicklungsprozess Beteiligten individuell beeinflussen. Zweitens sollte die „Nahtstelle" zwischen der bisherigen pädagogischen Grundlage und dem Bildungsauftrag gesucht und gründlich definiert werden. Denn diesbezügliche Unklarheiten könnten den Prozess zu einem späteren Zeitpunkt empfindlich stören.

Bild vom Kind

Bitte setzen Sie sich mit den verschiedenen Bildern von Kindheit, die im Team ggf. existieren, sehr genau auseinander. Ziel muss es zwar sein, sich auf eine Definition zu verständigen. Wichtig dabei ist aber, dass Sie sich nicht vorschnell auf „Zugeständnisse" einlassen, die Sie letztendlich nicht „durchhalten" können. Sehen Sie vielmehr in der Auseinandersetzung mit verschiedenen Bildern eine Chance, sowohl andere als auch sich selbst besser zu verstehen.

Folgende Leitfragen können hilfreich sein:

- Wie ist unser Menschenbild entstanden? Welchen Einflüssen unterlagen wir dabei?
- Welches Bild von uns selbst haben wir durch die Erinnerung an unsere eigene Kindheit?
- Wie autonom und gleichberechtigt oder abhängig und unterdrückt fühlten wir uns damals?
- Welchen Einfluss auf die Entwicklung der kindlichen Persönlichkeit schreiben wir der Vererbung oder der Umwelt zu?
- Hat sich unser Bild vom Kind im Laufe der Zeit verändert? Woran könnte das liegen?
- Betrachten wir das Kind eher als unfertiges Wesen oder als aktiv handelnden Partner?
- Von welchem Alter an betrachten wir das Kind als gleichberechtigt?
- Spiegelt sich unser Bild vom Kind in unserer Konzeption wider (z. B. in Freiräumen, Regeln oder Zielsetzungen)?

Die eigene Bildungsbiografie

Jeder Mensch hat eine eigene Bildungsgeschichte und diese Biografie hat prägende Wirkung. Betrachten wir nicht sehr genau, welche Prägung wir durch unsere eigenen Lernerfahrungen erhalten haben, laufen wir Gefahr, Projektionen zu unterliegen.

Aufgabe der Fachkräfte ist es, „in sich hineinzuhören" und zu erkennen, welche Erfahrungen in welchen Situationen und durch welche Institutionen oder Personen gesammelt wurden. Ebenso muss betrachtet werden, welche dieser Erfahrungen Einfluss auf die eigenen Erziehungsziele genommen haben.

Fragen zur Anregung:
- Wann hat mir Lernen wirklich Spaß gemacht?
- Was hat Menschen ausgezeichnet, die mich zu Bildungsprozessen inspiriert haben?
- Was genau hat mich bei meinen Bildungsprozessen angeregt, was behindert?
- In welchen Phasen meines Lebens war für mich Lernen intensiv und fruchtbar oder weniger dicht und ergiebig?
- Welche „Knicke" habe ich in meiner Bildungsbiografie und wodurch?
- Zu welchen (Bildungs-) Bereichen habe ich durch meine eigenen Erfahrungen schweren oder keinen Zugang?

Rechte von Kindern
- Vorbehaltlos akzeptiert werden
- Aktive Gestaltung sozialer Kontakte und Unterstützung dabei
- Aktive und positive Zuwendung
- Beteiligung der Eltern in der Einrichtung
- Partnerschaftliche Beziehung zu Erwachsenen
- Hilfe bei der Verarbeitung nachhaltig eindrücklicher Erlebnisse
- Auseinandersetzung mit Erwachsenen und anderen Kindern
- Abgrenzung gegenüber Erwachsenen und anderen Kindern
- Sich mit Forderungen auseinander setzen
- Guten Kontakt zu Kindern haben
- Solidarität in der Gruppe
- Ausreichende Anzahl an Bezugspersonen
- Zuverlässige Absprachen mit und Beziehungen zu Erwachsenen
- Forschen und Experimentieren
- Konsequenzen des eigenen Verhaltens erfahren lernen
- Engagierte Bezugspersonen
- Anregungsreiche, gefahrenarme Umgebung innerhalb und außerhalb der Einrichtung
- Bei Müdigkeit schlafen oder sich ausruhen dürfen
- Überschaubare, nach kindlichen Bedürfnissen geordnete Räumlichkeiten
- Fließende Übergänge zwischen Einrichtung und Zuhause
- Eigene Bedürfnisse im Sinne einer gesunden Entwicklung regulieren lernen
- Individueller Entwicklungsprozess mit eigenem Tempo
- Gestaltbarkeit der Umgebung
- Orientierung der Einrichtung an der Lebenslage der Kinder
- Essen und trinken nur bei Hunger und Durst
- Entspannte und kommunikative Essenssituation
- Gesunde Ernährung
- Essen als sinnliches Erlebnis
- Vielfältige Erfahrungen, Fantasie und eigene Welten
- Umgang mit Gefahren lernen

Was sind die Rechte des Kindes in unserer Einrichtung?
Achten Sie darauf, dass im Rahmen dieses Prozesses wirklich eine ehrliche und kritische Auseinandersetzung mit den Antworten stattfindet. Auf Grund von Erfahrungen aus der Praxis ist es eher die Ausnahme, dass eine Einrichtung ein Recht als durchgängiges Prinzip installiert hat. Das muss nicht unbedingt tragisch oder negativ zu bewerten sein – aber eine ehrliche Einschätzung bleibt in diesem Verfahren das Ziel!
- Welche Rechte erkennen wir grundsätzlich an, können ihnen aber nur bedingt Geltung verschaffen?
- Welches Recht ist für uns nicht annehmbar (unverständlich, unrealistisch, falsch)?
- Welche Rechte sind für uns zur Zeit nur Zielvorstellungen, d. h. wichtig, aber noch nicht realisierbar?

Pädagogische Arbeit

Laewen und Andres betonen: Pädagogisches Handeln braucht Orientierung. Fachkräfte in Kindertageseinrichtungen müssen sich auf vereinbarte Ziele stützen können, die zusammen mit den Interessen und Themen der Kinder ihre pädagogische Planung und ihr Handeln leiten. Ohne klare Ziele der Fachkräfte bleiben die Bildungsmöglichkeiten der Kinder in den Kindertageseinrichtungen eher zufälligen Konstellationen überlassen und können kaum auf ihre Qualität hin beurteilt werden."

Stufen der Beteiligung von Kindern

Die UN-Konvention über die Rechte des Kindes fordert die Erwachsenen auf, angemessene Formen der Beteiligung von Kindern zu entwickeln. Dieser Aufruf könnte einen Lernprozess bei Erwachsenen in Gang setzen. Denn Kinder haben nicht überall dort, wo sie mitwirken, auch tatsächlich eine Chance, Verantwortung zu übernehmen. Die folgenden „Stufen der Beteiligung" stellen kein starres Schema dar, sondern sollen sensibel dafür machen, wie leicht die gute Absicht, Kinder zu beteiligen, scheitern kann.

Manipulation: Kleine Kinder tragen während einer Demonstration Plakate, deren Inhalt sie nicht verstehen.

Dekoration: Kinder wirken bei einer Veranstaltung mit und wissen eigentlich gar nicht, worum es geht.

Alibi-Teilnahme: Kinder nehmen an einer Konferenz teil, doch zählen ihre Stimmen, die sie abgeben können, nicht wirklich.

Teilhabe: Kinder nehmen symbolisch an einer Konferenz teil, haben zwar keine Möglichkeit, das Geschehen zu beeinflussen, wissen aber immerhin, worum es inhaltlich geht.

Zugewiesen, aber informiert: Ein Projekt wird von Erwachsenen vorbereitet, aber die Kinder sind zumindest gut informiert und wissen, worum es geht.

Mitwirkung: Ein Projekt wird von Erwachsenen geplant, aber die Kinder können über den Verlauf mitentscheiden.

Selbstbestimmung: Kinder oder Jugendliche regen ein Projekt an, über das sie auch selbst entscheiden. Die Erwachsenen unterstützen sie nur bei der Durchführung.

Selbstverwaltung: Kinder oder Jugendliche organisieren ihr Vorhaben völlig selbstständig. Die Erwachsenen werden lediglich darüber informiert.

Wie vorgehen?

1. Zunächst formuliert jede Fachkraft für sich „ihre" Erziehungsziele, d. h. diejenigen, die sie persönlich für wichtig erachtet.
Zum Beispiel: Was ist mir in meiner pädagogischen Arbeit besonders wichtig? Welche Ziele verfolge ich mit meiner Arbeit? Über welche Kompetenzen sollten die Kinder verfügen, was sollten sie erfahren und erlernt haben, wenn sie 7, 10, 14 oder 18 Jahre alt sind? Welche Haltungen sollten sie einnehmen?

2. Alle Ziele werden zunächst zusammengetragen und – eventuell durch Geschichten und Anekdoten, die sich damit verbinden – für die anderen verstehbar, nachvollziehbar und letztlich lebendig vermittelt. Die einzelnen Erziehungsziele werden in der Gruppe zwar diskutiert, jedoch nicht im Sinne von „richtig" und „falsch". Vielmehr ist wichtig, die Erziehungsziele hinsichtlich ihrer Legitimierbarkeit und Zukunftsfähigkeit zu betrachten. Am Ende bilden diejenigen Ziele, auf die sich die MitarbeiterInnen verständigen, den „Grundstock" der Erziehungsziele seitens der Einrichtung.

3. In einem weiteren Schritt formulieren die Eltern, die aus ihrer Sicht wichtigen und richtigen Erziehungsziele. Ebenso wie die der Fachkräfte, werden die Erziehungsziele der Eltern diskutiert und mit den Zielen des Teams abgeglichen. Gehen die Ziele der Eltern dabei über die des Teams hinaus, erfolgt eine Erweiterung des Zielekatalogs der Einrichtung.

4. Anschließend muss ein Abgleich der zusammengetragenen Erziehungsziele mit Vorgaben des Trägers, gesetzlichen Bestimmungen oder den Orientierungs- oder Bildungsplänen etc. erfolgen. Wenn nötig, müssen die Ziele entsprechend erweitert werden.

5. Besteht hinsichtlich der Ziele eine Übereinkunft, geht es darum, diese nach Ihrer Wichtigkeit zu ordnen, unter folgenden Fragestellungen zu analysieren und für die konkrete Handlungsebene vorzubereiten. Dabei sind Antworten auf folgende Fragen zu suchen:
   - Woran würde ich merken, dass ein Mensch über die Kompetenz verfügt, die das Ziel impliziert? (Auflistung aller Antworten)
   - Welche Bedingungen müssten gegeben sein, damit ich (als Erwachsener) die in den vorangegangenen Antworten genannten Merkmale zeigen oder entwickeln kann? (Auflistung)
   - Wie muss die Umgebung des Kindes und die pädagogische Interaktion mit ihm aussehen, um für das Kind Bedingungen zu schaffen, die es für eine angemessene Entwicklung benötigt?

Leitfragen zur individuellen Zielformulierung

- Was ist mir in meiner pädagogischen Arbeit besonders wichtig?
- Was will ich mit meiner Arbeit erreichen?
- Über welche Fähigkeiten/Kenntnisse sollten Kinder aus meiner Sicht verfügen, wenn sie erwachsen sind?
- Welche Haltungen sollten sie einnehmen?
- Wodurch sollten sie sich als Erwachsene auszeichnen? (Laewen/Andres)

Was sind die Ziele unserer pädagogischen Arbeit, welche Erziehungsziele haben wir?

- Was bedeutet für uns Zielsetzung?
- Woher nehmen wir unsere Ziele?
- Welche Ziele sind uns besonders wichtig?
- Wie versuchen wir, die Ziele zu erreichen?
- Weichen die ErzieherInnen in der Zielsetzung voneinander ab?
- Wie groß darf die Spanne sein?
- Welche Eigenschaften und Fähigkeiten soll das Kind erwerben?
- Welche Ziele erreicht das Kind durch das Leben in unserer Einrichtung nebenbei?
- Welche Ziele sind nur durch gezielte Projekte, Angebote bzw. Beschäftigungen erreichbar?
- Welche Qualifikationen soll das Kind später als Erwachsener entwickeln?
- Welche Erziehungsziele haben die Eltern?
- Sind die Erziehungsziele der Einrichtung und der Eltern gegenseitig abgeglichen?

Was verstehen wir unter „Lernen" und welchen Stellenwert hat „Bildung" bei uns?

- Welche Bedeutung nimmt Lernen im Alltag bei uns ein?
- Wie können wir diese Lernmöglichkeiten noch erweitern?
- Welche Voraussetzung schaffen wir für die Entwicklung von Fantasie und Kreativität?
- Wie „frei" dürfen die Kinder in unserer Einrichtung tatsächlich spielen?
- Wie einschränkend sind unsere Regeln?
- Welche Spiele werden gefördert, welche werden eher unterbunden?
- Welche Herausforderungen formulieren wir?
- Welche Impulse setzen wir als „Zumutung"?
- Wo und wie viele Möglichkeiten haben die Kinder, sich durch eigenes Tun zu bilden?

Wie gestaltet sich das Spannungsfeld zwischen einzelnem Kind und Gruppe?

- Wann bilden Kinder eigentlich eine Gruppe?
- Welche pädagogische Bedeutung messen wir der Gruppe bei?
- Wie sehen wir das Verhältnis von Anpassung zu Individualität?
- Wann muss sich ein Kind in der Einrichtung anpassen?
- Wie viel Anpassung verlangen die ErzieherInnen – unabhängig von äußeren Zwängen?
- Wo liegt die eigene Toleranzgrenze? Welche Unterschiede gibt es im Team?
- Welchen Einfluss haben diese Unterschiede auf die Konzeption?
- Wie viel Spielraum lassen wir dem einzelnen Kind in seiner Entwicklung und Verwirklichung seiner Interessen?
- Was verstehen wir eigentlich unter individueller Förderung?
- Wie viel Rückzug gestatten wir dem Kind?
- Auf welche Weise fördern wir bei den Kindern Toleranz gegenüber dem Anderssein von Mitmenschen? Wie glaubwürdig ist unser eigenes Verhalten in diesem Punkt?

Praktizieren wir Formen der offenen Arbeit?

- Welche vorherigen Planungen sind nötig?
- Wann treffen die ErzieherInnen die nötigen Absprachen?
- Wer ist in der offenen Phase wofür verantwortlich?
- Welche Abläufe sollen nach wie vor in der Stammgruppe stattfinden?
- Welche weiteren Schritte könnten sich zukünftig aus dem momentanen Stand entwickeln?
- Welches Ausmaß an offener Arbeit halten wir für erstrebenswert?
- Aus welchen Gründen haben wir uns für eine Öffnung der Gruppen entschieden?
- Was spricht für eine Öffnung nach innen? Wo liegen mögliche Risiken?
- Wie könnte ein „Bezugssystem" aussehen?

- Wie können wir sicherstellen, dass in einer offenen Struktur kein Kind „verlorengeht"?

Wie kommen Themen/Inhalte der pädagogischen Arbeit zu Stande?
- Bestimmen wir Erwachsenen überwiegend die Themen?
- Sind Kinderkonferenzen eine Quelle der Erkenntnis?
- Welchen Einfluss können Kinder auf die Themenwahl nehmen, und wie tun sie dies?
- Worin unterscheiden sich die einzelnen Altersstufen?
- Sind Jahreszeit und Feste die Kriterien für die Themenwahl?
- Gelingt es, die Themen in einen übergeordneten Zusammenhang zu bringen?
- Bauen sie aufeinander auf?
- Kehren die Themen immer wieder?
- Wie kommen wir zu neuen Inhalten?
- Überwiegen spontane Angebote?
- Wie stark hängen Themen und Inhalte der Angebote von den Interessen der ErzieherInnen ab?
- Wie können die Kinder von den unterschiedlichen Interessen und Fähigkeiten der ErzieherInnen profitieren?
- Basieren die Angebote auf reflektierten Beobachtungen?

Pädagogisches Fachpersonal

Wie definieren wir die Rolle der Erzieherin?
- Was verstehen wir unter Bezugsperson?
- Was ist für uns die wichtigste Aufgabe einer Erzieherin?
- Wie mütterlich bzw. partnerschaftlich soll/darf die Erzieherin sein?
- Wie viel Nähe und wie viel Distanz ist erforderlich?
- Wie viel Bestätigung, wie viel Kritik soll eine Erzieherin den Kindern geben?
- Wie weit darf die Erzieherin die eigene Persönlichkeit einbringen?
- Inwieweit erwarten wir professionelles Verhalten (z.B. Beherrschung eigener Stimmungen)?
- Wie gehen wir mit individuellen Unterschieden um? Nutzen wir sie oder empfinden wir sie als störend?
- Inwieweit soll die Erzieherin Vorbild sein und das, was sie vom Kind erwartet, auch selbst leben?
- Sollen die Kinder erfahren, dass auch ErzieherInnen Fehler und Grenzen haben?
- Wie viel Freiraum hat die Erzieherin in ihrer Arbeit? Wo setzt die Institution Grenzen? Wo setzt die Erzieherin diese selbst?

Leitung und Leitungsaufgaben
- Wie sieht die Leiterin ihre Stellung im Team?
- Welche spezifischen Aufgaben hat sie?
- Welche Aufgaben muss sie in jedem Fall selbst übernehmen?
- Was ist ihr besonders wichtig?
- Welche Akzente setzt sie?
- Was kennzeichnet die Rolle der Stellvertretung?
- Wie arbeitet das Leitungsteam (Arbeitsteilung, Abwesenheitsleitung usw.)?
- Welche Leitungsaufgaben werden an andere delegiert und warum (z.B. an ErzieherInnen, Wirtschaftskräfte, ElternvertreterInnen)?
- Gibt es ein Leitungsgremium – z.B. bestehend aus Leitung und Stellvertretung sowie einer Erzieherin aus jeder Gruppe?
- Welche Leitungsaufgaben übernehmen u.U. die Gruppenleitungen?
- Was sind generell deren Aufgaben?

Team und Teamarbeit
Engagement
- Wie wird das eigene Engagement bei der Arbeit eingeschätzt? Wie werden die KollegInnen gesehen?
- Ist in der Gruppe ein Einzelkämpfertum auf Kosten der anderen festzustellen?
- Wie groß ist das Interesse der MitarbeiterInnen, dem Team zum Erfolg zu verhelfen?

Klima
- Ist der Kontakt der Gruppenmitglieder untereinander offen und frei?
- Gibt es „versteckte" Themen in den Diskussionen (d.h. wird der Punkt, um den es eigentlich geht, nicht direkt benannt)?
- Wird selten gestritten und besteht die Tendenz, um jeden Preis Harmonie aufrechtzuerhalten?
- Wird in der Gruppe großer Wert darauf gelegt, Übereinstimmungen zu erzeugen?
- Gibt es Intrigen und Cliquen innerhalb der MitarbeiterInnengruppe?

Leistungsniveau
- Sind die Ziele der Gruppe klar?
- Wie oft oder selten werden die gesteckten Ziele erreicht?
- Wird möglicherweise ineffektiv gearbeitet und zu viel Zeit verschwendet?
- Zählt eventuell vorrangig, nach außen gut dazustehen, statt gute Ergebnisse zu erzielen?

Arbeitsmethoden
- Wie viel bringen die Besprechungen?
- Wird in den Besprechungen einander zugehört oder werden die Besprechungen meist als chaotisch erlebt?

Organisation
- Inwieweit werden die Ziele untereinander abgestimmt?
- Weiß jede, welche Funktion sie in der Gruppe hat?
- Klappt der Informationsfluss reibungslos?
- Werden die Stärken in der Gruppe ausreichend genutzt?

Kritik und Kommunikation
- Müssen kritisierte Gruppenmitglieder das Gefühl bekommen, ihr Gesicht zu verlieren?
- Wird Kritik direkt geäußert oder z. B. nur Dritten weitergegeben?
- Wird eine kritische Wertung von Sachverhalten schnell persönlich genommen?
- Würde eine unparteiische Begutachtung der Kommunikation, Arbeitsweise und des Arbeitserfolges weiterhelfen?

Persönliche Weiterentwicklung
- Werden neue Gruppenmitglieder bei der Suche nach ihrem Platz in der Gruppe sich selbst überlassen?
- Haben manche eventuell mehr Fähigkeiten, als sie einbringen?
- Werden die Gruppenmitglieder dazu ermuntert, ihr Wissen und ihre Fähigkeiten außerhalb der Gruppe zu erweitern?
- Werden ruhige und zurückhaltende Mitglieder häufig übergangen?
- Wird, wer die Spielregeln der Gruppe missachtet, schnell in seine Schranken verwiesen?

Kreativität
- Bringt die Gruppe neue Ideen hervor?
- Haben Gruppenmitglieder negative Bewertungen zu fürchten, wenn sie neue Ideen äußern?
- Werden gute Gedanken oft mit „Killerphrasen" entkräftet?

Beziehungen zu anderen Gruppen
- Treten häufig Konflikte mit anderen Gruppen im Haus oder mit dem Träger auf?
- Arbeitet die Gruppe daran, die Beziehungen zu anderen Arbeitsgruppen zu verbessern?
- Werden andere Gruppen eher als Konkurrenz gesehen und behandelt?

Wie treffen wir Entscheidungen?
- Welche Art von Entscheidungen sind in der Einrichtung zu treffen?
- Wer wird einbezogen?
- Wie werden Abstimmungen vorbereitet?
- Wer gibt die notwendigen Informationen?
- Wie werden Minderheiten berücksichtigt?
- Werden Gegenargumente gesammelt und in sachlicher Form diskutiert?
- Wie werden jene KollegInnen informiert, die nicht einbezogen waren?
- Passt die Form, in der Entscheidungen getroffen werden, zum gewünschten Führungsstil?

Wie organisieren wir Dienst- und Arbeitsbesprechungen/Reflexionen?
- Wie entsteht eine Tagesordnung?
- Wie und von wem werden Dienstbesprechungen vorbereitet?
- Gibt es immer wiederkehrende Tagesordnungspunkte?
- In welchem Rahmen (zeitlich, räumlich, atmosphärisch) finden Dienstbesprechungen statt?
- Wird Protokoll geführt und wenn ja, von wem?
- Wer leitet die Diskussion?
- Werden zu den Sitzungen Hilfsmittel herangezogen (z. B. Wandzeitungen, Filme, Arbeitsgruppen)?
- Werden die Wirtschaftskräfte in die Dienstbesprechung einbezogen?
- Werden zusätzlich Personen eingeladen (z. B. BeraterInnen, Eltern, Referenten)?

Wie gestalten wir die Einführung neuer MitarbeiterInnen?
- Wer ist für die Einarbeitung zuständig?
- Welche Formen können entwickelt werden, um MitarbeiterInnen willkommen zu heißen?
- Welcher Stellenwert wird der Einführung beigemessen?
- Wie viel Zeit steht dafür zur Verfügung?
- Wie wird diese Einführung gestaltet?
- Wie haben wir uns selbst als „Neue" gefühlt?
- War die Einführung so, wie wir sie uns gewünscht hätten?
- Was hätte anders sein sollen?
- Wie lange hat es gedauert, bis wir uns in der Arbeit/Einrichtung sicher gefühlt haben?
- Warum fällt es als „Neue" oft schwer, Fragen zu stellen?
- Haben wir eine Checkliste für die Einarbeitung?
- Gibt es einen Einarbeitungsplan (was, mit wem, bis wann)?
- Sind Zuständigkeiten (Mentoren/PatInnen etc.) für die Begleitung der neuen MitarbeiterInnen geklärt?
- Haben wir eine fachliche „Messlatte" zur Bewertung der Einarbeitung?

Wie dokumentieren wir unsere Arbeit?
- Gibt es eine verbindliche Systematik zur Dokumentation?
- Haben wir Portfolios für die Kinder?
- Wie präsentieren wir Bildungsprozesse der Kinder?
- Auf welche Weise stellen wir Projekte und Ergebnisse vor?

Wie sieht unsere Zusammenarbeit mit Eltern aus? Wie gestalten wir Erziehungspartnerschaft?
- Warum wollen wir mit den Eltern zusammenarbeiten?
- Welche Formen der Zusammenarbeit mit Eltern werden schon gepflegt?
- Was erwarten wir von den Eltern?
- Wo und in welcher Form können Eltern mitreden, mitbestimmen und mitgestalten?
- Was sind unsere Ziele in der Zusammenarbeit?
- Welche Möglichkeiten bieten wir den Eltern zur aktiven Mitwirkung?
- Wie beteiligen wir Eltern bei der Entwicklung und Fortschreibung pädagogischer Inhalte?
- Wo können Eltern und PädagogInnen sich gegenseitig unterstützen und entlasten?

Welche Potenziale bei den MitarbeiterInnen/Eltern sind vorhanden?
Wollen Sie Bildungsarbeit in der Tageseinrichtung mit entsprechend guter Qualität unterstützen, dann kommt auf Sie – wie bereits begründet – manche neue Anforderung zu. In der Regel ist nicht jede geforderte Kompetenz in der Einrichtung vorhanden. MitarbeiterInnen verfügen jedoch oft über mehr Kompetenzen als bekannt sind. Ebenso ist es mit der Elternschaft. Wenn die Anforderungen steigen und die Komplexität der Aufgaben zunimmt, aber gleichzeitig die zur Verfügung stehenden Ressourcen gleich bleiben oder sich gar verringern, dann muss zwangsläufig geschaut werden, welche Lösungen es gibt.
Wenn unsere Einschätzung stimmt, dann gibt es in jeder Einrichtung einen großen – aber oft nicht bekannten – Schatz an Ideen, Wissen und Talenten. Und dies nicht nur bezogen auf die eigentliche Professionalität, sondern auch auf „Privates".
Mit dem entwickelten Fragebogen können Sie sich auf „Schatzsuche" begeben und sich sehr wahrscheinlich über üppige Funde freuen.
Der Fragebogen hierzu findet sich im Kapitel „Checklisten".

Wie vermitteln wir unsere Arbeitsweise der Öffentlichkeit?
- Tun wir nicht nur Gutes, sondern reden auch darüber?
- Welche Formen der Öffentlichkeitsarbeit praktizieren wir?
- Wird diese Form den jeweiligen Ansprechpartnern gerecht?

Welche Kontakte haben wir zu anderen Institutionen?
- Gibt es Kontakte zu anderen Einrichtungen?
- Wie sieht die Zusammenarbeit mit anderen Institutionen aus?
- Gibt es hierfür Zuständigkeiten in unserer Einrichtung?
- Wie gewährleisten wir den fachlichen Austausch?
- Welche AG´s sind für uns wichtig?
- Wie sieht die Kooperation mit den Schulen aus?
- In welcher Form arbeiten wir mit dem Träger zusammen (Pädagogische SachbearbeiterInnen, Pfarrer, Personalstelle, Personalvertretung)?
- Wodurch und wie erweitern wir unsere Fachkompetenz?
- Wie organisieren wir den Freiraum für Beratung?
- Welchen Stellenwert hat für uns Fortbildung?
- Wie gewährleisten wir die Teilnahme auch bei schwieriger Personalsituation?
- Wie verhindern wir, dass Fortbildung „Privatsache" bleibt?
- Wie können Fortbildungserfahrungen und -erkenntnisse weitergegeben werden?

Unsere Einrichtung
Beschreibung
- Lage
- soziales Umfeld/Einzugsbereich/Lebenssituation der Kinder
- Besonderheiten der Bauweise
- Räumlichkeiten/Außengelände
- Aufteilung in Abteilungen/Zusammensetzung der Gruppen
- MitarbeiterInnen/Teams
- Träger der Einrichtung

Welche Ausstattungsqualität haben wir?
Räume und Ausstattung sind zwar nicht alles, aber dennoch hängt davon viel ab. Wir raten Ihnen zu einer kritischen Bestandsaufnahme. Mit unserem Erkundungsbogen können Sie sich leicht einen Überblick über die Raum- und Ausstattungsquantität und -qualität verschaffen. Das Ergebnis zeigt Ihnen, wo Sie noch Entwicklungsbedarf haben. Gleich-

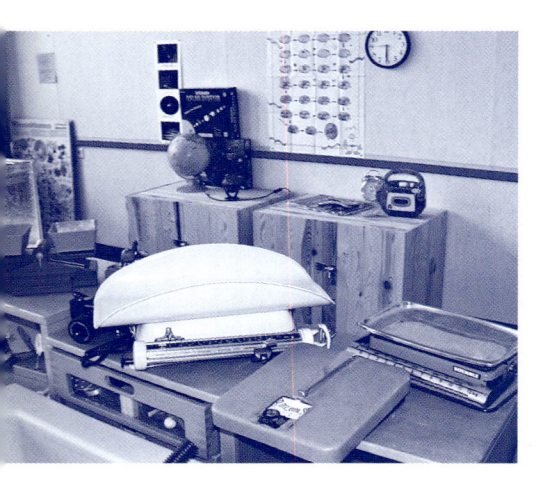

zeitig ist jede Frage zugleich eine Anregung.

Wir haben sehr gute Erfahrungen damit gemacht, wenn mehrere „MitarbeiterInnen-Tandems" auf Erkundung gehen und so verschiedene Blicke auf die gleiche Sache gerichtet werden.

Eine Anmerkung: Die Quantität der Ausstattung lässt sich von der Breite und Tiefe der Materialpalette ableiten. Für die Qualität ist zwar auch wichtig, dass eine Vielfalt an Ausstattungsgegenständen vorhanden ist, aber insbesondere ist maßgebend, dass die Bildungsbereiche belebt, fachlich fundiert abgedeckt und vor allem für die Kinder frei zugänglich sind. Ein Labor, zwar bestens ausgestattet, aber personell und fachlich nicht „besetzt", erfüllt nur den Anspruch „nice to have". Das heißt, dass in jeder Einrichtung neben der bestmöglichen Ausstattung auch kompetentes Fachpersonal zu Verfügung stehen muss.

Ein entsprechender Erkundungsbogen findet sich im Kapitel „Checklisten".

Welche Bildungsorte gibt es in der Einrichtung?
- Bietet die Einrichtung vielfältige Bildungserfahrungen?
- Sind die Bildungsorte dazu geeignet, Kinder ganzheitlich zu fördern?
- Haben die Bildungsbereiche eine personelle Zuständigkeit?
- Wie erfolgt die fachliche Pflege des Bildungsbereiches?
- Sind die Bildungsbereiche für Kinder frei zugänglich?
- Welche Bereiche benötigen eine – punktuell – personelle Präsenz?
- Gibt es Bildungsinhalte, die ausschließlich in den Bildungsbereichen präsent sind, nicht aber in den Gruppen?
- Welcher zeitliche Zuständigkeitsturnus für Bildungsbereiche wird gepflegt?
- Wie erfolgt die Dokumentation der Arbeit in den Bildungsbereichen?
- Werden Beobachtungen in den Bildungsbereichen durchgeführt?
- Wer (mit wem) verantwortet, zeitlich befristet, welchen Bildungsbereich?

Unsere „Tagesstruktur"
- Was unterscheidet unseren Tagesablauf von dem anderer Einrichtungen? Welche besonderen Regelungen gibt es?
- Wie festgelegt ist die tägliche Zeiteinteilung?
- Worauf wird im Verlauf des Tages besonderer Wert gelegt?
- Wie kann deutlich gemacht werden, welche „Ballungszeiten" es gibt, welche „Entspannungszeiten" (in denen u. a. Pausen und Gespräche möglich sind)?
- Welche Zeiträume gibt es, die die Kinder eigenständig gestalten können?

Regeln in der Einrichtung
- Welche Regeln existieren in den einzelnen Gruppen?
- Welche Regeln gelten für die verschiedenen Spielbereiche?
- Warum wurden diese Regeln aufgestellt?
- Welche pädagogischen Ziele stehen hinter den Regeln?

Wie sind die Räume unserer Einrichtung ausgestattet?
- Was sind die pädagogischen Ziele der Raumgestaltung?
- Wie variabel können Räume und Möbel genutzt werden?
- Welche Raumnutzung wurde verändert (z. B. Abstellkammer zu Spielzimmer)?
- Sind Funktionsecken vorhanden oder haben die Räume bestimmte Schwerpunkte (Verkleiden, Bauen, Lesen usw.)?
- Gibt es offene Regale, Raumteiler, Podeste usw.?
- Welchen Charakter sollen die Räumlichkeiten in erster Linie haben: Kinderzimmer? Werkstatt? Wohnraum? Oder welchen sonst?
- Welche Ziele werden mit der Gestaltung von Wänden verfolgt?
- Welche Spielsachen und welche Beschäftigungsmaterialien werden als besonders wichtig betrachtet?
- Nach welchen Kriterien werden sie ausgewählt?
- Wie und wo ist das Spiel- und Beschäftigungsmaterial untergebracht?
- Was ist offen zugänglich für Kinder?
- Welche Verhaltensweisen beobachten wir bei den Kindern in welchen Räumen bzw. in welchen Spielzonen?

Denkanstöße

Für die Diskussion im Team – und Ihre praktische Arbeit

Wassilios E. Fthenakis (Hrsg.)
Elementarpädagogik nach PISA
Wie aus Kindertagesstätten Bildungseinrichtungen werden können

376 Seiten, kartoniert
€ **19,90** / SFr 34.90
€ [A] 20,50*
ISBN 3-451-28062-0

Kindertageseinrichtungen tragen eine hohe Verantwortung: Der Erfolg von späteren Bildungsprozessen hängt unmittelbar von den Erfahrungen der frühen Kindheit ab. Führende Vertreter aus Wissenschaft und Praxis präsentieren in diesem Buch neue Erkenntnisse aus der Bildungs- und Familienforschung, Entwicklungspsychologie, Modelle zur Qualitätssicherung, internationale Vergleichsstudien und diskutieren über notwendige politische Maßnahmen.

Sigrid Weber (Hrsg.)
Die Bildungsbereiche im Kindergarten
Basiswissen für Ausbildung und Praxis
240 Seiten, kartoniert
€ **15,90** / SFr 28.50
€ [A] 16,40*
ISBN 3-451-28143-0

Armin Krenz
Wie Kinder Werte erfahren
Wertevermittlung und Umgangskultur in der Elementarpädagogik
176 Seiten, kartoniert
€ **13,90** / SFr 25.10
€ [A] 14,30*
ISBN 3-451-26504-4

Sabine Herm
Mit „schwierigen" Kindern umgehen
Ein Leitfaden für die Praxis
192 Seiten, kartoniert
€ **13,90** / SFr 25.10
€ [A] 14,30*
ISBN 3-451-27916-9

Gabriele Haug-Schnabel / Joachim Bensel
Grundlagen der Entwicklungspsychologie
Die ersten 10 Lebensjahre
160 Seiten, kartoniert,
€ **14,90** / SFr 26.80
€ [A] 15,40*
ISBN 3-451-28692-0

---

*Europreis Österreich [A] = unverbindliche Preisempfehlung · Unsere Bücher erhalten Sie in jeder Buchhandlung oder bei D+A: kindergarten Fachversand, Postfach 674, D-79006 Freiburg · CH: Herder AG Basel, Postfach, CH-4133 Pratteln 1.
Für Ihre Bestellung finden Sie in der Heftmitte eine Bestellkarte des kindergarten Fachversands.

www.herder.de **HERDER**

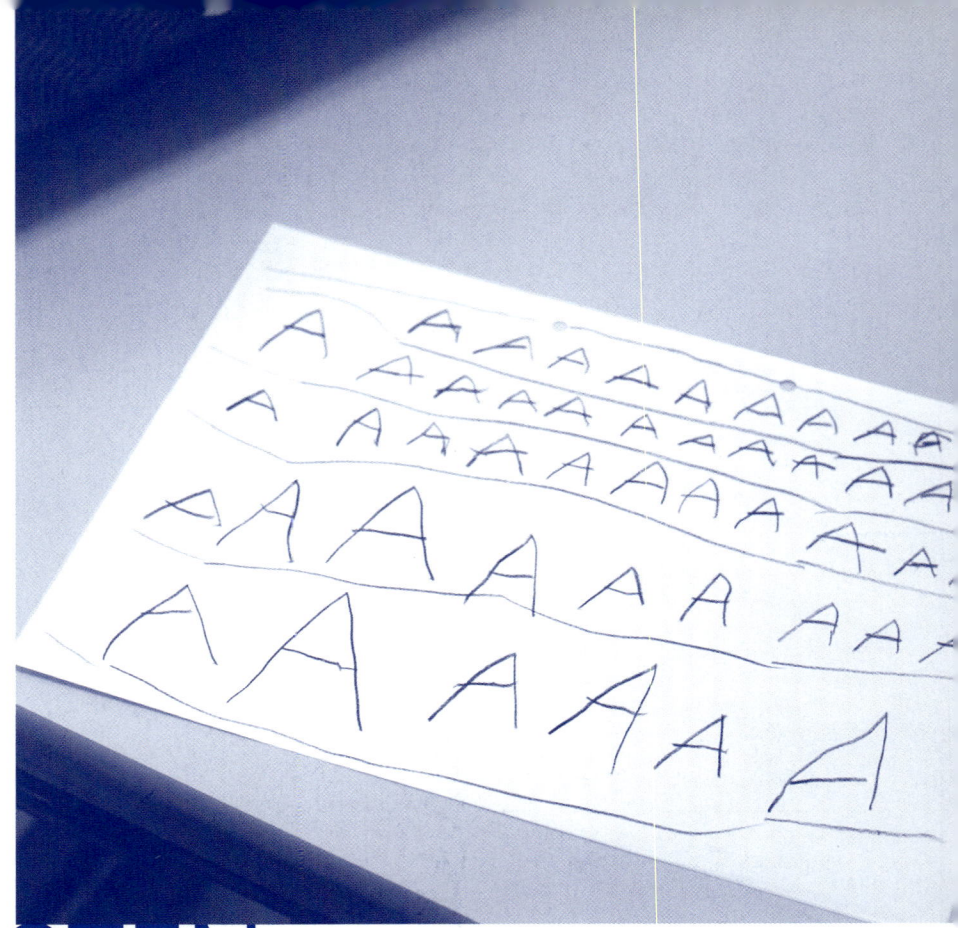

CHECKLISTEN

Wir möchten Ihnen hier in der Praxis erprobte und bewährte Instrumente vorstellen und Sie bitten, diese entsprechend Ihren Bedürfnissen und Ihrer Situation zu modifizieren.

Elternbefragung zur
Qualität der Bildungseinrichtung

Einrichtung: _____

Datum der Befragung: _____

Gruppe: _____

Befrager/-in: _____

Befragte/Befragter: ❏ Mutter   ❏ Vater   ❏ Eltern gemeinsam   ❏ Sonstige

Mein/unser Kind besucht die Gruppe: _____

1. **Wie wohl fühlt sich aus Ihrer Sicht Ihr Kind in der Einrichtung/Gruppe?**
   ❏ sehr wohl   ❏ eher wohl   ❏ teils/teils   ❏ weniger wohl   ❏ unwohl

2. **Was müsste Ihres Erachtens von Seiten der Einrichtung verändert werden, damit sich Ihr Kind noch wohler fühlt?**
   _____
   _____

3. **Geben Sie Ihr Kind/Ihre Kinder mit einem guten Gefühl in die Einrichtung?**
   ❏ grundsätzlich ja   ❏ überwiegend ja   ❏ eher nein   ❏ grundsätzlich nein

   Wenn nein, warum nicht?
   a) _____

   b) _____

   c) _____

4. **Wie wohl fühlen Sie sich persönlich in der Einrichtung?**
   ❏ sehr wohl   ❏ eher wohl   ❏ teils/teils   ❏ weniger wohl   ❏ unwohl

   Wenn Sie sich nicht wohl fühlen, warum nicht?
   a) _____

   b) _____

   c) _____

5. **Wie zufrieden waren Sie mit dem Eingewöhnungsprozess?**
   Mein Kind wurde in dieser Phase durch die pädagogischen Kräfte genau im richtigen Maß begleitet und unterstützt:
   ❏ trifft voll zu   ❏ trifft weniger zu   ❏ trifft nicht zu

   In der Eingewöhnungszeit meines/unseres Kindes wurde ich/wurden wir über alles, was mir/uns wichtig war, ausführlich und zeitnah informiert:

	trifft voll zu	trifft weniger zu	trifft nicht zu
wichtig	❏	❏	❏
ausführlich	❏	❏	❏
zeitnah	❏	❏	❏

   Sonstige Anmerkungen:
   _____
   _____

6. **Wie zufrieden sind Sie mit dem Konzept/der Pädagogik?**

	-3	-2	-1	+1	+2	+3
Inhalt des Konzeptes	❏	❏	❏	❏	❏	❏
Umsetzung des Konzeptes	❏	❏	❏	❏	❏	❏
Aktualisierung des Konzeptes	❏	❏	❏	❏	❏	❏
Qualitätssicherung bezüglich päd. Standards	❏	❏	❏	❏	❏	❏
individuelle Förderung	❏	❏	❏	❏	❏	❏
besondere Aktionen	❏	❏	❏	❏	❏	❏
Projekte	❏	❏	❏	❏	❏	❏
Tagesstrukturierung	❏	❏	❏	❏	❏	❏
Sonstiges	❏	❏	❏	❏	❏	❏

   _____

7. **Hat Ihr Kind in der Einrichtung die Bildungsmöglichkeiten, die Sie sich für Ihr Kind wünschen?**
   ❏ grundsätzlich ja   ❏ überwiegend ja   ❏ eher nein   ❏ grundsätzlich nein

   Wenn nein, welche würden Sie sich wünschen?
   _____
   _____

8. **Welche besonderen Angebote, Aktionen etc. schätzen Sie bzw. vermissen Sie?**
   Ich schätze besonders:
   _____
   _____

   Ich vermisse besonders:
   _____
   _____

9. **Welche Bildungsbereiche nehmen Sie in der Einrichtung wahr?**

   Sprache, Schrift, Kommunikation ❏
   Personale und soziale Entwicklung, Werteerziehung/religiöse Bildung ❏
   Musische Bildung/Umgang mit Medien ❏
   Körper, Bewegung, Gesundheit ❏
   Natur und kulturelle Umwelten ❏
   Mathematik, Naturwissenschaften, (Informations-)Technik ❏
   Sonstige
   _____
   _____
   _____

10. **Wie erleben und bewerten Sie die Qualität der Beziehung zwischen der Bezugserzieherin und Ihrem Kind?**

	hervorragend	gut	befriedigend	eher schlecht
Freundlichkeit	❏	❏	❏	❏
Zuverlässigkeit	❏	❏	❏	❏
Einfühlungsvermögen	❏	❏	❏	❏
Aufmerksamkeit	❏	❏	❏	❏
Zugewandtheit	❏	❏	❏	❏
Fürsorglichkeit	❏	❏	❏	❏
Sonstiges				
_____	❏	❏	❏	❏

11. **Erkennen Sie im Verhalten der Fachkräfte gegenüber Kindern und Eltern das in der Konzeption beschriebene Menschenbild wieder?**

    ❏ ja, unbedingt   ❏ zum Teil   ❏ nein

    Wenn nein, warum nicht?
    _____
    _____
    _____

12. **Was bieten die Einrichtungen anderer Träger, das Sie gerne auch in der von Ihrem Kind besuchten Einrichtung vorfinden würden?**

    a) _____

    b) _____

    c) _____

13. Wie schätzen Sie die Kooperations- und Kontaktqualität der Einrichtung ein bezogen auf:

	sehr gut	gut	befriedigend	ausreichend	mangelhaft
Träger	❑	❑	❑	❑	❑
Schule	❑	❑	❑	❑	❑
Soziale Fachdienste	❑	❑	❑	❑	❑
Nachbarn	❑	❑	❑	❑	❑
andere KiTas	❑	❑	❑	❑	❑
kulturelle Einrichtungen	❑	❑	❑	❑	❑
Vereine	❑	❑	❑	❑	❑
Sonstiges	❑	❑	❑	❑	❑

_____

14. Wie bewerten Sie die Öffentlichkeitsarbeit der Einrichtung?

❑ sehr gut ❑ gut ❑ befriedigend ❑ ausreichend ❑ mangelhaft

15. Welches Image hat die Einrichtung?

	3	2	1	0	1	2	3	
positiv								negativ
zuverlässig	❑	❑	❑	❑	❑	❑	❑	unzuverlässig
kompetent	❑	❑	❑	❑	❑	❑	❑	inkompetent
freundlich	❑	❑	❑	❑	❑	❑	❑	unfreundlich
informiert	❑	❑	❑	❑	❑	❑	❑	uninformiert
aufmerksam	❑	❑	❑	❑	❑	❑	❑	unaufmerksam
systematisch	❑	❑	❑	❑	❑	❑	❑	unsystematisch
unbürokratisch	❑	❑	❑	❑	❑	❑	❑	bürokratisch
flexibel	❑	❑	❑	❑	❑	❑	❑	unflexibel
motiviert	❑	❑	❑	❑	❑	❑	❑	unmotiviert
innovativ	❑	❑	❑	❑	❑	❑	❑	traditionell

16. Wird Ihres Erachtens auf folgende Aktionen genügend Wert gelegt?

	ja sehr	überwiegend ja	eher nein	nein
Feste	❑	❑	❑	❑
Exkursionen	❑	❑	❑	❑
Ausflüge	❑	❑	❑	❑
Freizeiten	❑	❑	❑	❑
Naturerkundungen	❑	❑	❑	❑
Sonstiges	❑	❑	❑	❑

_____

17. Wie zufrieden sind Sie mit den Rahmenkonditionen der Einrichtung?

	sehr zufrieden	überwiegend zufrieden	teilweise zufrieden	unzufrieden	Wünsche/ Anregungen
tägliche Öffnungszeiten	❑	❑	❑	❑	_____
Schließungszeiten	❑	❑	❑	❑	_____
Verpflegung	❑	❑	❑	❑	_____
Raumangebot innen	❑	❑	❑	❑	_____
Kosten	❑	❑	❑	❑	_____
Platzangebot außen	❑	❑	❑	❑	_____
Bring- und Abholphase	❑	❑	❑	❑	_____
Eingewöhnungszeit	❑	❑	❑	❑	_____
Sonstiges	❑	❑	❑	❑	_____

18. Zusammenarbeit zwischen der Einrichtung und Ihnen:

a) Wie bewerten Sie die Formen der Zusammenarbeit?

	findet statt	findet nicht statt	sollte stattfinden
schriftliche Informationen	❏	❏	❏
Elternabende	❏	❏	❏
Tür- und Angelgespräche	❏	❏	❏
Elternnachmittage	❏	❏	❏
Einzelgespräche	❏	❏	❏
Hausbesuche	❏	❏	❏
Elternstammtisch	❏	❏	❏
Elterncafé	❏	❏	❏
Elternfrühstück	❏	❏	❏
Eltern-Kind-Nachmittage	❏	❏	❏
Ausflüge mit Eltern	❏	❏	❏
Eltern-Kind-Freizeiten	❏	❏	❏
Angebote für Väter	❏	❏	❏
Bildungsangebote für Eltern	❏	❏	❏
Sonstiges	❏	❏	❏

_____

b) Fühlen Sie sich als Eltern von den pädagogischen MitarbeiterInnen ernst genommen?
❏ eher ja ❏ teils/teils ❏ eher nein

c) Erleben Sie die Begegnung mit Fachkräften „auf Augenhöhe"?
❏ eher ja ❏ teils/teils ❏ eher nein

d) Bei wichtigen Angelegenheiten werden Sie als Eltern:

	eher ja	teils/teils	eher nein
glaubhaft beteiligt	❏	❏	❏
rechtzeitig informiert	❏	❏	❏
umfassend informiert	❏	❏	❏

e) Wird Ihnen die Möglichkeit geboten, an der Weiterentwicklung konzeptioneller Inhalte mitzuwirken?
❏ ja ❏ nein

f) Sind Ihnen die Erziehungsziele der Einrichtung bekannt?
❏ eher ja ❏ teils/teils ❏ eher nein

g) Sehen Sie Ihre eigenen Erziehungsziele darin berücksichtigt?
❏ eher ja ❏ teils/teils ❏ eher nein

h) Wie erleben Sie die Entwicklungsgespräche hinsichtlich folgender Kriterien?

Häufigkeit	❏ genau richtig	❏ zu häufig	❏ zu selten
Dauer	❏ angemessen	❏ zu lang	❏ zu kurz
Qualität	❏ gut	❏ überwiegend befriedigend	❏ unbefriedigend
Aussagekraft	❏ hoch	❏ teils/teils	❏ gering
Bedeutung	❏ wertvoll	❏ teils/teils	❏ gering

i) Wie bewerten Sie folgende Möglichkeiten der Teilhabe am Alltag der Tageseinrichtung?

	sehr gut	gut	befriedigend	ausreichend	mangelhaft
Hospitation	❏	❏	❏	❏	❏
Elterncafés	❏	❏	❏	❏	❏
Spielnachmittage	❏	❏	❏	❏	❏
Eltern-Kind-Projekte	❏	❏	❏	❏	❏
eigene „Angebote"	❏	❏	❏	❏	❏
Sonstiges	❏	❏	❏	❏	❏

j) Der Einblick in Bildungsprozesse Ihres Kindes durch Gespräche mit den Fachkräften – unterstützt durch Dokumentationen von Projekten/Arbeiten etc. Ihres Kindes – ist für Sie
❏ sehr bedeutsam ❏ weniger wichtig ❏ eher unbedeutend

k) Von Seiten der MitarbeiterInnen werden Sie ermutigt, Vorschläge, Kritik und Wünsche einzubringen und erleben dabei, dass Ihre Meinung wichtig ist.
❏ trifft voll zu ❏ trifft überwiegend zu ❏ trifft teilweise zu ❏ trifft nicht zu

19. Wie wirkt die Einrichtung nach außen bezogen auf:

	sehr gut	gut	befriedigend	ausreichend	mangelhaft
äußeres Erscheinungsbild	❏	❏	❏	❏	❏
Fachlichkeit	❏	❏	❏	❏	❏
Atmosphäre	❏	❏	❏	❏	❏
Kooperation im Team	❏	❏	❏	❏	❏
Leitung	❏	❏	❏	❏	❏
Arbeitsorganisation	❏	❏	❏	❏	❏
MitarbeiterInnenmotivation	❏	❏	❏	❏	❏
Fortbildung der MitarbeiterInnen	❏	❏	❏	❏	❏

20. Was sind die jeweils drei besonderen Stärken und Schwächen der Einrichtung?

Stärken:
a) _____

b) _____

c) _____

Schwächen:
a) _____

b) _____

c) _____

21. Was würden Sie gerne selbst mitgestalten oder als Angebot einbringen?

_____

_____

Fragebogen zur Erkundung von Wissen und Talenten der MitarbeiterInnen und Eltern in Bildungseinrichtungen

(Modifizierte Fassung des Fragebogens zur „Potenzialanalyse" des Jugendamtes Stuttgart)

In folgenden Themenbereichen verfüge ich über Kenntnisse (bitte Entsprechendes ankreuzen)

	Spezialkenntnisse	(Zusatz-) Ausbildung/ längerfristige Fortbildung	Anmerkungen
Architektur			
• Außenarchitektur	❏	❏	
• Innenarchitektur	❏	❏	
Astrologie	❏	❏	
Coaching	❏	❏	
Entspannungsmethoden			
Möglichkeit 1:	❏	❏	
Möglichkeit 2:	❏	❏	
Möglichkeit 3:	❏	❏	
Finanzplanung/Buchführung	❏	❏	
Floristik	❏	❏	
Fotografie	❏	❏	
Geschichte/Politik	❏	❏	
Gesundheit/Medizin	❏	❏	
Handwerk/Handarbeit			
Möglichkeit 1:	❏	❏	
Möglichkeit 2:	❏	❏	
Möglichkeit 3:	❏	❏	
Hauswirtschaft (Pflege/Kochen/ Backen/Haushaltsorganisation)	❏	❏	
Interkulturelle Kenntnisse	❏	❏	
Jonglage	❏	❏	
Journalistische Kenntnisse	❏	❏	
Juristische Kenntnisse	❏	❏	
Kinderliteratur	❏	❏	
Kunst und Kultur			
• Grafik/Design	❏	❏	
• Künstlerisches Gestalten	❏	❏	
• Malen/Zeichnen	❏	❏	
• Kalligraphie	❏	❏	
• Literatur	❏	❏	
• Musik	❏	❏	
Gesang	❏	❏	
Instrument	❏	❏	
1)	❏	❏	
2)	❏	❏	
3)	❏	❏	
• Theater	❏	❏	
Landwirtschaft	❏	❏	
Märchen/Geschichten	❏	❏	

	Spezialkenntnisse	(Zusatz-) Ausbildung/ längerfristige Fortbildung	Anmerkungen
Mediation	☐	☐	
Moderation/Präsentation	☐	☐	
Natur und Umwelt/Ökologie	☐	☐	
Naturwissenschaften			
• Biologie	☐	☐	
• Chemie	☐	☐	
• Physik	☐	☐	
Öffentlichkeitsarbeit	☐	☐	
PC/Informatik	☐	☐	
Prozess-/Projektmanagement	☐	☐	
Sponsoring	☐	☐	
Sport			
Disziplin 1:	☐	☐	
Disziplin 2:	☐	☐	
Disziplin 3:	☐	☐	
Sprachkenntnisse			
Fremdsprache 1:	☐	☐	
Fremdsprache 2:	☐	☐	
Fremdsprache 3:	☐	☐	
Stadtteil-Know-how (Spezialraum-Scout) von			
Stadtteil 1:	☐	☐	
Stadtteil 2:	☐	☐	
Stadtteil 3:	☐	☐	
Supervision	☐	☐	
Therapeutische Kenntnisse			
Disziplin 1:	☐	☐	
Disziplin 2:	☐	☐	
Disziplin 3:	☐	☐	
Veranstaltungsorganisation (Event-Management)	☐	☐	
Verwaltung/Büromanagement	☐	☐	
Video/Film	☐	☐	
Zaubern	☐	☐	
Zusatzausbildung(en)			
Disziplin 1:	☐	☐	
Disziplin 2:	☐	☐	
Disziplin 3:	☐	☐	
Ehrenamt			
1)	☐	☐	
2)	☐	☐	
3)	☐	☐	
Bestehende Kontakte/Verbindungen (Vitamin B) zu			
1)			
2)			
3)			

Erkundungsbogen
„Raumnutzung und Ausstattung" in Bildungseinrichtungen

Vorbemerkung:
Bitte überprüfen Sie die Ausstattungsqualität Ihrer Einrichtung kritisch. Eine Bestandsanalyse macht nur Sinn, wenn Sie bereit sind, die „Stärken und Schwächen" klar herauszustellen. Nur so können Sie das Ausstattungsniveau sicherstellen, das notwendig ist, um Bildungsarbeit qualitätsvoll zu leisten. Eine Erhebung, die auf „unsauberen" Ergebnissen basiert, ist ein unzulängliches Fundament für Verbesserungen und Weiterentwicklungen.
Deshalb: Sollten Sie einzelne Aspekte zwar bejahen können, sich aber dennoch eingestehen müssen, dass die Kinder zu den Ausstattungsgegenständen keinen freien Zugang haben und die Funktionsbereiche für Kinder nicht permanent zugänglich sind, so sind diese speziell zu markieren.

1. Raumaufteilung und Raumnutzung

Durch die Raumaufteilung und die Anordnung des Mobiliars in klar abgegrenzte Bereiche wird Kindern ermöglicht, in kleinen Gruppen binnendifferenziert an ihren jeweiligen Themen zu arbeiten.

❏ ja   ❏ nein

Begründung: _____

_____

1.1 Es gibt Räume für

	ja	nein
Bewegungserfahrungen	❏	❏
Experimentiermöglichkeiten	❏	❏
Kreativerfahrungen	❏	❏
Sinneserfahrungen	❏	❏
Bibliothek/Leseecke	❏	❏
Musikerfahrungen	❏	❏
Tanz und Rollenspiel/Theater	❏	❏
Bau- und Konstruktionserfahrungen	❏	❏
Hauswirtschaftliche Erfahrungen	❏	❏
„Kulturecke" (Atmosphäre schaffen)	❏	❏
Bühne (Aufführungen)	❏	❏
Gemeinschaftserfahrungen	❏	❏
Rückzugsmöglichkeiten	❏	❏
Ruhe und Entspannung	❏	❏
Eltern-Café	❏	❏
Kommunikationsecke	❏	❏
Sonstiges		

1.2 Präsentation in den Räumen

An den Wänden, in Regalen, auf Konsolen, in Vitrinen etc. werden in Augenhöhe der Kinder, übersichtlich, mit Bild und/oder Schrift präsentiert:

	ja	nein
Moderne Kunst	❑	❑
Konstruktionszeichnungen	❑	❑
Landkarten	❑	❑
Notenblätter	❑	❑
Architekturpläne und -fotos	❑	❑
Kunstwerke der Kinder	❑	❑
Kunstkalender	❑	❑
Größenmesslatten	❑	❑
Exponate aus anderen Kulturen	❑	❑
Schriftzeichen	❑	❑
Röntgenbilder	❑	❑

Materialien, Werkzeug, Spielmaterial werden gut sichtbar in offenen Regalen, in Schalen, offenen Körben, Schachteln, Setzkästen, Glas- und Tongefäßen, durchsichtigen Boxen etc. angeboten und sind frei zugänglich.
❑ ja ❑ nein

Begründung: _____

_____

Die Materialien, Spielsachen und Bücher sind übersichtlich geordnet und sortiert, so dass die Kinder zur Umsetzung ihrer Ideen und Pläne die Dinge selbstständig finden können.
❑ ja ❑ nein

Begründung: _____

_____

2. Außenbereich

Der Außenbereich ermöglicht den Kindern vielfältige und großräumige Bewegung (siehe auch 4.).

Darüber hinaus finden die Kinder im Außenbereich Platz, Material und Möglichkeiten, um ungestört ihren jeweiligen Interessen nachgehen zu können.

	ja	nein
Unterschiedliche Bodenbeschaffenheiten, wie Sand, Erde, Kiesel, Gras, Borke	❑	❑
Flächen zur freien Gestaltung	❑	❑
Verschiedene Bepflanzungen, wie Blumen, Sträucher, Bäume, Obstbäume, Kräuter, Gemüse	❑	❑

	ja	nein
Naturmaterialien zum Experimentieren und Gestalten	❏	❏
Flaschenzug	❏	❏
Wasserstelle	❏	❏
Wasserpumpe	❏	❏
Wasserlauf	❏	❏
Rückzugsmöglichkeiten	❏	❏
Feuerstelle	❏	❏
Baustoffe, wie Dachziegel, Rohre, Schläuche, Backsteine, Ytongsteine, Bretter, Hölzer etc.	❏	❏
Gartenwerkzeuge, wie Hacken, Schaufeln, Spaten, Schubkarre, Eimer und Körbe	❏	❏
Komposter	❏	❏
Sonstiges		

3. Naturwissenschaften und Mathematik

Es gibt mindestens einen Bereich, der besonders zum forschenden Umgang mit Materialien und Gegenständen auffordert (Beobachten, Messen, Experimentieren). Dieser Bereich ist nach bestimmten Schwerpunkten untergliedert und wird laufend entsprechend den Themen der Kinder verändert.

❏ ja ❏ nein

Begründung:

Es stehen den Kindern Materialien und Alltagsgegenstände zur Verfügung, an denen einfache Naturgesetzmäßigkeiten und mathematische Zusammenhänge erfahren, technische Funktionen ausprobiert und die Geographie unserer Erde selbst entdeckt werden können und die sie zum Beobachten, Messen und Experimentieren herausfordern.

Auswahl an Geräten

	ja	nein
Waagen und Gewichte	❏	❏
Hebel	❏	❏
Flaschenzug	❏	❏
Verschiedene Lupen	❏	❏
Mikroskop	❏	❏
Globus	❏	❏
Spiegel	❏	❏
Wassertablett (Montessori)	❏	❏
Feuertablett (Montessori)	❏	❏
Spritzen	❏	❏
Trichter	❏	❏
Eimer	❏	❏
Schüsseln	❏	❏
Schläuche	❏	❏
Messbecher	❏	❏
Meterstäbe	❏	❏

	ja	nein
Rohre (Kunststoff, Metall)	❏	❏
Wannen	❏	❏
Lichtquellen	❏	❏
Ausrangierte Elektrogeräte (Haushalt, Büro)	❏	❏
Mechanische und elektrische Haushaltsgeräte	❏	❏
Fotoapparat	❏	❏
Filmkamera	❏	❏
Computer	❏	❏
Uhren	❏	❏
Rechenmaschine	❏	❏
Kartenmaterial	❏	❏

Gegenstände und Gegebenheiten aus dem hauswirtschaftlichen Bereich unterstützen und fördern die Experimentierfreude der Kinder.

	ja	nein
Geschirr, Besteck, Töpfe	❏	❏
Back- und Kochzutaten (Essig, Salz, Backpulver etc.)	❏	❏
Reinigungsutensilien (Tücher, Schwämme, Geschirrspülmittel etc.)	❏	❏
Zugang zur Wasserstelle	❏	❏
Zugang zum Kühl- und Gefrierschrank	❏	❏
Sonstiges		

_____

_____

4. Bewegung

Es ist mindestens ein eigens vorbereiteter Bewegungsraum/-bereich im Gebäude vorhanden.
❏ ja   ❏ nein

Begründung: _____

_____

Wenn ja, stehen den Kindern vielfältige Geräte und Materialien zur Verfügung?

	ja	nein
Großgeräte		
Schaukelkombinationen (von Loquito)	❏	❏
Hängematten	❏	❏
Kletter- und Balanciergeräte zum Kombinieren (nach Elfriede Hengstenberg)	❏	❏
Verschieden hohe Ebenen	❏	❏
Matratzen	❏	❏
Trampolin	❏	❏

	ja	nein
Kleingeräte		
Bälle von verschiedener Größe und unterschiedlichem Gewicht und Material	☐	☐
Pedalos	☐	☐
Sprungseile	☐	☐
Schwung- und Chiffontücher	☐	☐
Reifen	☐	☐
Schaumstoffelemente	☐	☐
Heulrohre	☐	☐
Sandsäckchen	☐	☐
Rollbretter	☐	☐
Jongliermaterial	☐	☐
Karabinerhaken	☐	☐
Kletterseile	☐	☐
Gurte	☐	☐
Alltagsmaterial		
Pappröhren, -rollen (Haushaltspapier, Teppichboden)	☐	☐
Autoschläuche	☐	☐
Bretter in verschiedenen Längen und Breiten	☐	☐
Drainagerohre	☐	☐
Verpackungsmaterial (Kartonagen etc.)	☐	☐
Bettlaken, große Stoffe	☐	☐
Vierkanthölzer	☐	☐

Sonstiges _____

_____

Falls die Kindertagesstätte nicht über einen Bewegungsraum verfügt, den die Kinder jederzeit nutzen können, sollten die Räume auf Bewegungsmöglichkeiten und Bewegungsfreundlichkeit hin überprüft werden.

Es gibt breite Flächen, auf denen keine Möbelstücke stehen, die Räume und Flure sind „sparsam" möbliert. Die Kinder können sich dort auch ausgelassen bewegen.
☐ ja ☐ nein

Begründung: _____

_____

Der Außenbereich ergänzt und erweitert Bewegungserfahrungen, indem die Kinder folgende Möglichkeiten haben:

	ja	nein
Platz für großräumige Bewegung	❏	❏

Materialien für Bewegungsbaustellen

	ja	nein
Bretter	❏	❏
Getränkekisten	❏	❏
Autoreifen	❏	❏
Rohre	❏	❏
Schläuche	❏	❏
Netze	❏	❏
Baumstämme	❏	❏
Kabelrollen	❏	❏
Backsteine	❏	❏
Fahrzeuge (Dreirad, Fahrrad, Einrad, Roller)	❏	❏
Pedalos	❏	❏
Rollbretter	❏	❏
Fußball, Handball, Basketball etc.	❏	❏
Sprungseile	❏	❏
Rollschuhe	❏	❏
Skateboards	❏	❏
Schaukeln	❏	❏
Rutschen	❏	❏
Sonstiges		

5. Kunst

5.1 Atelier

Gibt es ein Atelier?
❏ ja   ❏ nein

Begründung:

Wenn ja, wie/womit ist dieses Atelier ausgestattet?

	ja	nein
Ausreichend Tageslicht, viele große Fenster mit inspirierendem Ausblick	❏	❏

Verschiedene Arbeitsflächen

	ja	nein
Malwände	❏	❏
Freiflächen für Arbeiten auf dem Boden	❏	❏
Höhenverstellbare Tische	❏	❏
Staffeleien	❏	❏
Bildbände zum Thema	❏	❏
Farbkreis	❏	❏

	ja	nein
Farbskalen	❏	❏
Kunstdrucke, Bilder, Poster (verschiedene Stilrichtungen)	❏	❏
Passepartouts	❏	❏
Verschiedene Rahmen	❏	❏
Druckpresse	❏	❏
Walzen	❏	❏

Gibt es einen Nassmalbereich mit folgender Ausstattung?

	ja	nein
Wasserstelle mit großer Abstellfläche	❏	❏
Farben, wie flüssige Farben (Wasserfarbe, Acrylfarbe und Gouache), pastose Farben (Pulverfarbe, angerührte Farben aus Pigmenten oder Naturstoffen, z.B. Asche, Erde, Bindemittel, Kleister, Leim, Stärke)	❏	❏
Pinsel, wie flache und runde Borstenpinsel, Haar- und Malerpinsel	❏	❏
Bürsten	❏	❏
Schwämme	❏	❏
Papier in verschiedener Stärke, Beschaffenheit, Größe und Saugfähigkeit	❏	❏
Packpapier von der Rolle und Pappe	❏	❏
Textilgewebe wie Nessel und Baumwolle (Bettlaken)	❏	❏
Paletten und Glasplatten zum Mischen und Auftragen der Farben	❏	❏
Trocknungsmöglichkeit, auch für große Formate	❏	❏

Gibt es einen Trockenmalbereich mit folgender Ausstattung?

	ja	nein
Zeichenmaterial, wie Farbstifte Blei- und Zeichenstifte, Grafitstifte und Kohle, Radiergummis	❏	❏
Farben, wie Pastellkreiden und Pastellölkreiden (Jaxon)	❏	❏
Tusche und Federn	❏	❏
Schneidegeräte, wie unterschiedliche Scheren und Messer	❏	❏
Papier in verschiedenen Formaten, Stärken, Farben und Qualitäten	❏	❏
Verschiedene Klebstoffe	❏	❏
Gesammelte Materialien, wie Verpackungsrollen, Wolle, Knöpfe, Korken, Stoffe, Plastikbecher, Bänder etc.	❏	❏

Sonstiges _____

_____

5.2 Musik

Gibt es einen Musikraum, der – zumindest zeitweise ausschließlich – die Nutzung für musikalische Zwecke zulässt und von anderen Bereichen nicht beeinträchtigt wird?
❏ ja ❏ nein

Begründung: _____

_____

Wenn ja, wie ist dieser Bereich ausgestattet?
Den Kindern stehen Instrumente aus den fünf Instrumentengruppen zur Verfügung.

	ja	nein
Idiophone (Selbstklinger und Schlaginstrumente)		
Triangeln	❏	❏
Klangschalen	❏	❏
Zimbeln	❏	❏
Röhrentrommeln	❏	❏
Schellenrasseln	❏	❏
Klanghölzer	❏	❏
Tamburine	❏	❏
Membranophone (Trommeln)		
Congas	❏	❏
Bongos	❏	❏
Djembes	❏	❏
Holzxylophon	❏	❏
Metallophon	❏	❏
Canjón	❏	❏
Chordophone (Saiten-, Zupf- und Streichinstrumente)		
Klavier	❏	❏
Gitarre	❏	❏
Violine	❏	❏
Cello	❏	❏
Tischharfe	❏	❏
Mandoline	❏	❏
Aerophone (Blasinstrumente)		
Verschiedene Holzblockflöten	❏	❏
Querflöte	❏	❏
Trompete	❏	❏
Klarinette	❏	❏
Elektrophone (elektronische Instrumente)		
Keyboard	❏	❏
Musikanlage	❏	❏
CD-Player	❏	❏

Darüber hinaus sind den Kindern weitere Medien und Gegenstände zugänglich:

	ja	nein
Mikrophon	❏	❏
Verstärker	❏	❏
CDs mit klassischer Musik	❏	❏
CDs mit experimenteller und zeitgenössischer Musik	❏	❏
CDs mit Rock- und Pop-Musik	❏	❏
CDs mit Musik aus anderen Kulturen	❏	❏
Selbst gebaute Instrumente	❏	❏
Bildbände zum Thema	❏	❏
Stimmgabel	❏	❏
Taktstock	❏	❏
Notenständer	❏	❏
Orgelpfeifen	❏	❏
Plakate, Poster über das Gehör	❏	❏
Notenblätter, Partitur	❏	❏

Die Kinder haben die Möglichkeit, verschiedene Instrumente und ihre spezifischen Klangfarben durch Hören und Sehen (im Original und über Medien wie Bild, Dia, Film, Kassette, Schallplatte, CD) und Bespielen kennen zu lernen.
❏ ja ❏ nein

Begründung: _____

_____

5.3 Theater und Tanz

Welche Bedingungen und Möglichkeiten finden Kinder, sich über Tanz und darstellendes Spiel auszudrücken?

	ja	nein
Abgegrenzter und ungestörter Bereich	❏	❏
Verschiedene Raumebenen		
zum Rückzug (Höhlen, Nischen)	❏	❏
zum Familienspiel (Bett, Spiegel, Schrank etc. aus der Erwachsenenwelt)	❏	❏
zum Verkleiden (Korb mit Tüchern, Ablagebord, große Spiegel)	❏	❏
Utensilien zum Verkleiden	❏	❏
Bühne mit Vorhang	❏	❏
Schattenspiel mit starker Lichtquelle und Leinwand	❏	❏
Figurenspiel mit Stabpuppen, Handpuppen und Marionetten	❏	❏

	ja	nein
Kostengünstige Anregungen zum improvisierten Rollenspiel, wie große und kleine Kartons, mobile Trennwände, Schaumstoffteile, Bettlaken, große Tücher, Decken und Kissen	❏	❏
Durch den Raum gespannte Seile	❏	❏
Ösen an den Wänden	❏	❏
Schmuck	❏	❏
Schminke	❏	❏
Sonstiges _____		

5.4 Werkstatt – für Holz und Ton

Gibt es eine Werkstatt?
❏ ja   ❏ nein

Begründung: _____

_____

Wenn ja, mit welchen Werkzeugen und Gegenständen ist diese zum selbstständigen Gebrauch (nach Einführung und ggf. unter Aufsicht) ausgestattet?

	ja	nein
Laubsägen	❏	❏
Fuchsschwanz	❏	❏
Feinsägen	❏	❏
Metallsäge	❏	❏
Hämmer (untersch. Gewicht)	❏	❏
Holz, verschiedene Arten und Größen	❏	❏
Sandstein (Porenbetonstein)	❏	❏
Feilen	❏	❏
Hobel	❏	❏
Meterstäbe	❏	❏
Zangen	❏	❏
Klebstoffe	❏	❏
Scheren	❏	❏
Schraubstöcke	❏	❏
Wasserwaage	❏	❏
Schnüre	❏	❏
Schutzbrillen	❏	❏
Ohrenschützer	❏	❏
Schraubenzieher	❏	❏
Verschiedene Nägel	❏	❏
Verschiedene Schrauben	❏	❏
Verschiedene Haken, Metallstifte, Muttern etc.	❏	❏
Dübel	❏	❏
Meißel	❏	❏
Handbohrer	❏	❏
Schraubzwingen	❏	❏

	ja	nein
Elektrobohrer	☐	☐
Stichsäge	☐	☐
Bandschleifer	☐	☐

Darüber hinaus sind den Kindern weitere Gegenstände und Materialien zugänglich:

	ja	nein
Wasserstelle	☐	☐
Ton	☐	☐
Tonwerkzeuge	☐	☐
Brennofen	☐	☐
Exponate	☐	☐
Bücher zum Thema	☐	☐
Werkzeichnungen	☐	☐
Sonstiges		

6. Zeichen und Schriftkultur

Gibt es mindestens einen Ort, an dem sich die Kinder mit Gesprochenem, Geschriebenem, mit der Welt der Zeichen und mit Bilderbüchern auseinander setzen können?

☐ ja ☐ nein

Begründung:

Welche Möglichkeiten gibt es für Kinder, sich spielerisch damit zu befassen bzw. welche Gegenstände/Anregungen sind vorhanden?

	ja	nein
Visualisiertes Alphabet	☐	☐
Zahlenreihen	☐	☐
Buchstaben und Zahlen		
zum Legen	☐	☐
zum Drucken	☐	☐
zum Abschreiben	☐	☐
Beschriftung von Gegenständen und Möbeln mit		
Druckbuchstaben	☐	☐
Schreibschrift	☐	☐
verschiedenen Sprachen	☐	☐
Zahlen	☐	☐
Mathematischen Symbolen	☐	☐
Schriftzeichen anderer Sprachen (Chinesisch, Japanisch, Griechisch, Russisch)	☐	☐
Blindenschrift	☐	☐
Musiknoten	☐	☐
Notenschlüsseln	☐	☐

Forschungsbereiche mit unterschiedlichen Schreibutensilien	ja	nein
Natur	☐	☐
Geographie	☐	☐
Straßenverkehr	☐	☐
Technik	☐	☐
Soziale Beziehungen (Freundschaft, Konflikte, Krankenhaus, Geburt und Tod, Trennung, Abschied etc.)	☐	☐
Andere Kulturen (Schriftzeichen, Menschen mit unterschiedlicher Hautfarbe, Kunst, Architektur, Feste, Rituale etc.)	☐	☐

Gibt es darüber hinaus Lexika, illustrierte Fachbücher, Atlanten, die nicht speziell für Kinder hergestellt wurden, die die Kinder in ihrem Forschungsinteresse unterstützen und sie zur Auseinandersetzung mit bestimmten Themen herausfordern?
☐ ja ☐ nein

Begründung: _____
_____

7. Ernährung und Gesundheit

Gibt es eine Küche, in der die Kinder selbstständig bei der Zubereitung der Mahlzeiten (Frühstück, Zwischenmahlzeit, Mittagessen, Imbiss) tätig sind und vielfältige Erfahrungen im Umgang mit Küchenutensilien und Küchengeräten sammeln können?
☐ ja ☐ nein

Begründung: _____
_____

Küchenzubehör

	ja	nein
Backofen und Herd	☐	☐
Kühl- und Gefrierschrank	☐	☐
Spülbecken/Spülmaschine	☐	☐
Besteck	☐	☐
Töpfe und Pfannen	☐	☐
Gläser	☐	☐
Tassen	☐	☐
Teeschalen	☐	☐
Fischbesteck	☐	☐
Reislöffel	☐	☐
Schöpfkellen	☐	☐
Nudelholz	☐	☐

	ja	nein
Rührgerät	☐	☐
Getreidemühle	☐	☐
Saftpresse	☐	☐
Fleischwolf	☐	☐
Messbecher	☐	☐
Schneebesen	☐	☐
Trichter	☐	☐
Reibe	☐	☐
Koch- und Rührlöffel	☐	☐
Schneidebretter	☐	☐
Brotmesser	☐	☐
Fleischmesser	☐	☐
Käsemesser	☐	☐
Personenwaage	☐	☐
Koch- und Backbücher	☐	☐
Plakate und Poster über Lebensmittel	☐	☐

Sonstiges
_____

8. Sinnliche Erfahrungen

Abschließend geht es darum, die gesamte Ausstattung der Kindertagesstätte noch einmal in den Blick zu nehmen und der Frage nachzugehen, welche komplexen Erfahrungen die Kinder hier machen können.

Bieten die Materialien und Gegenstände dem Kind die Möglichkeit, komplexe Erfahrungen zu sammeln und Beschaffenheit und Zusammenhänge zu erkunden?
☐ ja   ☐ nein

Welche? _____

Begründung: _____

Gibt es so genanntes „wertloses" Recyclingmaterial (Pappröllen, Korken, Kisten etc.) und Naturmaterialien, Dinge also, deren Handhabung und Nutzung nicht einseitig festgelegt ist?
☐ ja   ☐ nein

Welche? _____

Begründung: _____

Gibt es unstrukturierte, formlose Spielmaterialien, die den Gestaltungswillen herausfordern und jederzeit genutzt werden können (z.B. Sand und Wasser, Knete, Ton)?
❏ ja   ❏ nein

Welche? _____

Begründung: _____

Gibt es Bausteine aus Holz und Plastik in den verschiedenen geometrischen Formen (Würfel, Zylinder, Pyramide, Kugel)?
❏ ja   ❏ nein

Welche? _____

Begründung: _____

Haben die Kinder die Möglichkeit, Grunderfahrungen mit Naturelementen (Sand, Wasser, Luft, Feuer) zu machen? (Matsch- und Wasserbecken in den Räumen der Kindertageseinrichtung, frei zugängliche Wasserquelle)
❏ ja   ❏ nein

Welche? _____

Begründung: _____

Gibt es verschiedene Materialien und Angebote, anhand derer die Kinder verschiedene Sinneserfahrungen machen können?

Taktiles System: Gegenstände, die rund, andere, die spitz und/oder kantig sind, deren Oberfläche glatt, rau, stachelig ist, die sich kalt oder warm, weich oder hart anfühlen etc.
❏ ja   ❏ nein

Welche? _____

Begründung: _____

Olfaktorisches System: Möglichkeit, verschiedene Gerüche und Düfte wahrzunehmen, u.a. Gewürze, ein Kräutergärtchen und duftende Blumen und Sträucher im Außengelände der Einrichtung etc.
❏ ja   ❏ nein

Welche? _____

Begründung: _____

Akustisches System: Es werden Klangerfahrungen und komplexe Hörerfahrungen ermöglicht. Es gibt z. B. die Möglichkeit, verschiedene Musikinstrumente selbst zu „spielen", Glöckchen zum Klingen zu bringen, mit dem mächtigen Klang eines Gongs zu schwingen oder in einem klassischen Orchesterstück verschiedene Klangfolgen wahrzunehmen. Musikkassetten, nicht nur mit Kinderliedern, sondern auch mit klassischer Musik, mit den Werken zeitgenössischer Komponisten, mit Synthesizerklängen und mit Naturgeräuschen stehen zur Verfügung. Auch Hörerfahrungen außerhalb der KiTa werden bewusst ermöglicht. Die ErzieherInnen nutzen z. B. Gelegenheiten, mit den Kindern Konzerte zu besuchen (Orgelkonzert in der Kirche, Aufführungen für Kinder im Konzertsaal).
❏ ja   ❏ nein

Welche? _____

Begründung: _____

Visuelles System: Es werden den Kindern besondere visuelle Erfahrungen ermöglicht. Zum Beispiel durch Farbskalen, -kreise, -plättchen, Kunstpostkarten, Kunstbänder, 3D-Brillen, eine Digitalkamera, ein Overheadprojektor, ein Lichttisch, Schattenrisse, Möglichkeiten für Schattenspiele, Röntgenbilder, Computertomographien, Fotos mit den dazugehörenden Negativen, spiegelverkehrte Bilder etc.
❏ ja   ❏ nein

Welche? _____

Begründung: _____

Das Angebot an Material und Spielmitteln wird variiert und/oder erweitert, in Orientierung an den aktuellen Spielideen der Kinder.
❏ ja   ❏ nein

Wie? _____

Begründung: _____

Die Kinder werden bei der Präsentation in den Räumen sowie der Raumnutzung und Raumgestaltung selbstverständlich mit einbezogen und übernehmen Verantwortung. Die pädagogischen Fachkräfte gestalten nicht Räume für Kinder, sondern planen, entwerfen und gestalten Räume mit Kindern.
❏ ja   ❏ nein

Wie? _____

Begründung: _____

(von den Autoren und von MitarbeiterInnen aus Kinderhäusern der Stadt Reutlingen
modifizierte Fassung des infans-Erhebungsbogens „Ist-Analyse Ausgangssituation", 2004)

NACHWORT

Wir hoffen, dass Sie in diesem Leitfaden ein „taugliches" Werkzeug erkennen, das Sie unterstützt, sich auf den anspruchsvollen Weg von der Betreuungseinrichtung mit Bildungsauftrag zur Bildungseinrichtung mit Betreuungsauftrag zu wagen. Wenn Sie sich an diesem Leitfaden entlanghangeln, haben Sie eine strukturelle und inhaltliche Orientierung.

So verlieren Sie auf dem Weg zum Ziel nicht den Überblick und vergeuden nicht unnötig Zeit und Energie. Die „Arbeit" allerdings können und wollen wir Ihnen nicht abnehmen. Denn erstens liegt im gemeinsamen Erarbeiten ein großer Schatz an Teamentwicklung und zweitens ist der inhaltliche Entwicklungsprozess sowohl äußerst spannend als auch eine Chance zum eigenen Dazulernen und für eine persönliche Weiterentwicklung.

Wir wünschen Ihnen viel Spaß und Erfolg – aber auch Geduld. Es lohnt sich.
Sollten Sie sich eine Qualifizierung oder eine Prozessberatung oder -begleitung wünschen, wenden Sie sich bitte per Mail an uns.

Herzlich bedanken möchten wir uns bei der Stadt Fellbach und besonders bei den MitarbeiterInnen des Kinderhauses „Pfiffikus", die sich auch auf den Weg hin zur Bildungseinrichtung gemacht haben. Der fachliche Diskurs war bei der Erstellung dieses Leitfadens sehr wichtig und hilfreich.

LITERATUR

basiswissen kita: Leitungsaufgaben. Sonderheft von „kindergarten heute – Zeitschrift für Erziehung". Freiburg: Herder, 1998.

Beschluss der Jugendministerkonferenz vom 13./14.05.2004/Beschluss der Kultusministerkonferenz vom 03./04.06.2004: Gemeinsamer Rahmen der Länder für die frühe Bildung in Kindertageseinrichtungen. www.kultusministerkonferenz.de/aktuell/ Gemeinsamer_Rahmen_Kindertageseinrich_BSJMK_KMK.pdf.

Elschenbroich, D.: Weltwissen der Siebenjährigen. Wie Kinder die Welt entdecken können. München: Kunstmann, 2001.

Jugendamt Stuttgart: Potenzialanalyse-Fragebogen, 2005.

Kronberger Kreis für Qualitätsentwicklung in Kindertageseinrichtungen (Hrsg.): Qualität im Dialog entwickeln. Wie Kindertageseinrichtungen besser werden. Seelze : Kallmeyer, 1998.

Laewen, H.-J./Andres, B. (Hrsg.): Bildung und Erziehung in der frühen Kindheit. Bausteine zum Bildungsauftrag von Kindertageseinrichtungen. Weinheim: Beltz, 2002.

Laewen, H.-J., Andres, B. (Hrsg.): Forscher, Künstler, Konstrukteure. Werkstattbuch zum Bildungsauftrag von Kindertageseinrichtungen. Weinheim: Beltz, 2002.

Preissing, Chr. (Hrsg.): Berliner Bildungsprogramm für die Bildung, Erziehung und Betreuung von Kindern in Tageseinrichtungen bis zu ihrem Schuleintritt. Berlin: Das Netz, 2004.

Schäfer, G.E. (Hrsg.): Bildungsprozesse im Kindesalter. Selbstbildung, Erfahrung und Lernen in der frühen Kindheit. Weinheim: Juventa, 1995.

Senatsverwaltung für Jugend und Familie Berlin (Hrsg.): Wie entsteht eine Konzeption? Haus am Rupenhorn: Sozialpädagogische Fortbildungsstätte. Berlin, 2002.

Singer, W.: Der Beobachter im Gehirn. Essays zur Hirnforschung. Frankfurt a.M.: Suhrkamp, 2002.

Singer, W.: Was kann ein Mensch wann lernen? Vortragsmanuskript. Frankfurt a.M., 2001.

spot: So geht's – Naturwissenschaften zum Anfassen. Sonderheft von „kindergarten heute – Zeitschrift für Erziehung". Freiburg: Herder, 2005.

spezial: Kinder beobachten und ihre Entwicklung dokumentieren. Sonderheft von „kindergarten heute – Zeitschrift für Erziehung". Freiburg: Herder, 2005.

Tietze, W. (Hrsg.): Wie gut sind unsere Kindergärten? Eine Untersuchung zur pädagogischen Qualität in deutschen Kindergärten. Neuwied: Luchterhand, 1998.

Weber, K./Herrmann, M.: Kundenorientierung im Kindergarten. Eine neue Sichtweise auf Eltern, Kinder und Einrichtung. In: kindergarten heute 4/2000, Freiburg: Herder, S. 6-12.